Helga Kernstock-Redl

Heilsame und lösungsorientierte Kindergeschichten

suchen, sammeln, selber schreiben

Impressum:

© Helga Kernstock-Redl, www.kernstock-redl.at
1. Auflage 2017
Verlag: tredition GmbH, Hamburg

Umschlaggestaltung: Iris Fak www.ireilas.net
Foto im Umschlag: www.deinshooting.at

ISBN:
978-3-7439-3580-8 (Paperback)
978-3-7439-3581-5 (Hardcover)
978-3-7439-3582-2 (e-Book)

Bibliografische Information der Deutschen Nationalbibliothek: Die Deutsche Nationalbibliothek verzeichnet diese Publikation in der Deutschen Nationalbibliografie; detaillierte bibliografische Daten sind im Internet über http://dnb.d-nb.de abrufbar.

Inhalt

1 Einleitung - ein Zauberbuch?..7

  1.1 Wann leisten Geschichten gute Dienste? 9
  1.2 Was sind tragende Elemente? 12
  1.3 Wie und wo können Sie Ideen finden?....................................19

2 Geschichten über die Vergangenheit 23

  2.1 Heilsame Geschichten über belastende Erlebnisse.....................23
     Ziele und hilfreiche Aspekte 25
     Mögliche Anlässe und Inhalte...25
     Aufbau und Gestaltung...26
     Das Schreiben: Schritt für Schritt..39
     Heilsame Geschichtenbeispiele 44
     Fertige heilsame Geschichten suchen und finden 47
     Belastende Themen beschreiben: Trennung, Verlust, Migration,
     Gewalt, Missbrauch, Fehler...48
  2.2 Erfolgs- und Glücksgeschichten 59
     Ziele und hilfreiche Aspekte 60
     Aufbau und Gestaltung...60
     Beispiele für Erfolgsgeschichten 65
     Fertig geschriebene Geschichten finden 67

3 Geschichten für eine bessere Zukunft............................69

  3.1 Geschichten für mehr Selbstbewusstsein.................................70
     Ziele und hilfreiche Aspekte 72
     Mögliche Anlässe und Inhalte...72
     Aufbau, Gestaltung und Beispiele...73
     Beispielselbstwertgeschichte...76
     Fertig Geschriebenes zur Selbswertstärkung finden 76
  3.2 Lösungsgeschichten...77
     Ziele und hilfreiche Aspekte 77
     Mögliche Anlässe und Inhalte 78
     Aufbau und Gestaltung...78
     Beispiele für Lösungsgeschichten..80
     Fertige Problemlösungsgeschichten finden 81
  3.3 Geschichten über innere Anteile 82

Ziele und hilfreiche Aspekte 83
Grundannahme: Das Modell vom inneren Team............................... 84
Aufbau einer Teilegeschichte 84
Beispiele für Geschichten über innere Anteile................................. 89
Fertige Teilegeschichten finden 93

4 Psychologisches Hintergrundwissen 95

4.1 Traumapsychologische Grundlagen..95
Was bewirkt ein belastendes Erlebnis? 95
Geschichten als Einladung: der vierte Weg 98
Das richtige Timing der Geschichte 99
Die Basis jeder Unterstützung: Wertschätzung...............................100
Zeichen für die gute Verarbeitung von Belastungen.......................101
Die Chancen und die Grenzen der Selbsthilfe................................101
4.2 Systemische Sichtweise.. 102
Suchen Sie nach den guten Ausnahmen...103
Wenden Sie das scheinbar Eindeutige 103
Sagen Sie Entwicklung voraus 104
Leben Sie Wertschätzung als Grundhaltung....................................104
Suchen Sie konsequent die gute Absicht..105
Bieten Sie bescheiden nützliche Landkarten 106
4.3 Die Innenwelt in Worte fassen: mentalisieren............................ 107

5 Antworten auf häufige Fragen.. 111

5.1 Antworten auf 18 Fragen... 111

6 Ihre Zukunft als GeschichtenerzählerIn............................... 131

Mut-Geschichte vom Anfang: »Das Gefühleland«..........................132

7 Literatur- und Geschichtenverzeichnis................................. 135

Vor-Geschichte: von der Idee zum Buch

GESCHICHTE: »Es war einmal vor vielen, vielen Jahren in einer Zeit, als das Wünschen noch geholfen hat, eine Mutter. Sie wollte ihren Kindern, die an diesem Abend ziemlich mutlos waren, eine Mut-Geschichte erzählen. Leider gab es nirgends, in keinem Buch und auch nicht im Kopf der Mutter, eine gute Geschichte dazu.

Doch kurz bevor die Mutlosigkeit allzu stark wurde, da plöööötzlich... kam ein Kind mit einer Idee. Gemeinsam wurde aus dieser kleinen Idee eine richtig große Geschichte über Mut, Erdgeister und Angsthelfer, über ein starkes Team und ihr reiches Land. Die Geschichte verjagte die Mutlosigkeit und machte für diesen einen Abend alles wieder richtig gut. Der Mut blieb noch eine Weile und wurde so stark, dass das Kind sagte: ›Wir haben so eine schöne Geschichte gemacht. Ich finde, du solltest sie in ein Buch schreiben.‹

Und so geschah es: An diesem Tag wurde die Idee geboren für ein Buch voller starker Geschichten und mit vielen Anregungen, wie diese gemacht werden können. So waren alle zufrieden und hatten noch viele tolle Tage.«

An diesem besonderen Tag ist die Mut-Geschichte entstanden, Sie finden sie am Ende des Buches.

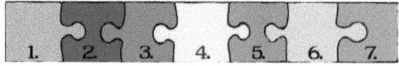

1 Einleitung - ein Zauberbuch?

Herzlich willkommen im unendlichen Reich der Geschichten. Ich weiß, Sie sind kein Neuling auf diesem Gebiet. Denn niemand von uns kommt ohne Geschichten durch Schule und Leben. Sie sind also schon jetzt ein Profi mit vielen Erfahrungen, mit guten und weniger guten Erinnerungen ans Lesen oder Schreiben eigener Texte. In jedem Fall können Sie durch dieses Buch Ihre Kenntnisse vertiefen und erweitern.

Nun halten Sie ein Zauberbuch in Händen. Machen Sie sich jedoch keine Sorgen, es wird Sie nicht in eine andere Welt entführen, in der Sie anstrengende Abenteuer bewältigen müssen. Es wird Ihnen keine Zaubersprüche verraten, mit denen Sie andere Menschen oder Dinge zwingend beeinflussen können. Sie riskieren keine wild gewordenen Besen, können allerdings auch keine Goldmünzen herbeischaffen.

Denn es geht um mehr: Seit Urzeiten sind Menschen über Geschichten in Kontakt miteinander gekommen, haben damit getröstet, inspiriert, informiert, ermutigt und bezaubert. Solche Wirkungen können Sie nutzen und ausbauen, um Kindern beim Verarbeiten der Vergangenheit, dem Verstehen der Gegenwart und beim Finden von Lösungen in der Zukunft zu helfen.

Wachstum unterstützen statt Großziehen!

Dieses Zauberbuch kann noch dazu etwas Besonderes zwischen Menschen hinein zaubern: die Magie einer guten Beziehung, eine Stärkung für das Kind und auch für Sie. Die Geschichten, die Sie in diesem Buch finden oder die Sie nach dem Lesen dieses Buches erzählen können, bezaubern vielleicht für einen kurzen Moment. Die Erinnerung an Ihre Geschichten jedoch kann das Ihnen anvertraute Kind immer wieder auf's Neue verzaubern. Im Kind kann mit jeder Geschichte ein Stückchen mehr Wissen, mehr Vertrauen in die eigenen Möglichkeiten, in die Zukunft und in die Welt entstehen – und damit über kurz oder lang auch die Sicherheit »Es wird wieder gut«.

Das Buch liefert dafür einen 7-teiligen Leitfaden: TechnikerInnen mögen ihn als Gerüst und Bauplan betrachten, PädagogInnen als Konzept, BiologInnen als DNA, MusikerInnen als Thema und KöchInnen als Grundrezept. Der Leitfaden möchte Sie unterstützen, die passende Geschichte für einen bestimmten Anlass selbst zu »bauen«, auch wenn Sie sich bisher für nicht besonders talentiert gehalten haben oder sich mit fantasievollem Erfinden schwer tun. Es funktioniert im Prinzip wie ein Puzzle, das aus Erinnerungs- und Lösungsteilen zusammengesetzt wird.

Und nicht nur das: Sie werden mit Hilfe dieses Leitfadens viel klarer brauchbare, psychologisch wirksame »fertige« Geschichten (Bücher, Filme, Ereignisse) entdecken. Vieles kann man nutzen bzw. optimieren, um sie dann einem Kind, das in einer ähnlichen Schwierigkeit steckt, zu erzählen.

Ich verwende den Begriff der »Geschichte« sehr allgemein: Laut »Duden-Herkunftswörterbuch« (2014) leitet er sich vom Verb »geschehen« ab und meint: »eilen, schnell fortgehen... sich ereignen« (S. 332). In diesem Sinn finden sich überall fertige Geschichten: im Alltagsgeschehen, in Film und Fernsehen, in PC-Spielen, im Internet oder eben in Büchern. Manche füllen mehrere Bände, andere sind nur 7 Sätze oder wenige Minuten lang, beschreiben fiktive oder reale Ereignisse, sachlich oder verspielt. Lassen Sie sich darauf ein und gehen Sie suchend durch die Welt, dann können Sie gute Geschichten buchstäblich an jeder Straßenecke erkennen.

Das Geschichtenerzählen und -schreiben ist **immer** ein interaktiver Prozess. Zwei oder mehr Menschen kommen in Kontakt, inspirieren einander. Die aktiv schreibende bzw. erzählende Person ist auf jemanden ausgerichtet, den sie erreichen will und lässt sich davon leiten. Die scheinbar passive, zuhörende oder lesende Person wählt in Wahrheit sehr aktiv, wovon sie sich wie anregen lässt. In diesem Sinne ist dieses Buch ebenfalls interaktiv gestaltet.

❗ Solche Rufzeichen laden Sie ein, zunächst Ihre eigenen Gedanken zu einzelnen Fragen festzuhalten und erst dann weiter zu lesen.

Mit Geschichten »zu zaubern« wird Ihnen und Ihren ZuhörerInnen eine Menge Arbeit machen. Doch es wird eine großartige Arbeit sein, so wie sie Kinder tun: mit spielerischer Leichtigkeit stundenlang vollkommen konzentriert sein, ganze Kisten ausräumen, riesige Türme bauen und wundervolle Zeichnungen erschaffen.

Es kann Sie mit Freude, Stolz und Energie erfüllen, dies mit einem Kind zu erleben. Von Zeit zu Zeit werden Sie bemerken, wie manche Geschichten auch dem Kind in Ihnen selbst gut tun. Manches erreicht einen inneren Anteil, der solche Geschichten vielleicht früher selbst gern gehabt hätte und jetzt mithören darf (s. Kap. 3.3).

Das Schreiben und Erzählen von Geschichten fordert und verändert Sie als SchreiberIn und ErzählerIn auf vielerlei Arten: Sie trainieren ganz nebenbei, Probleme oder Emotionen zu erfassen und Lösungsideen zu erkennen. Dabei werden Sie sich mühelos eine bildhafte Sprache aneignen, verwenden also automatisch Worte, die Bilder und Gefühle wecken. Wer das gut kann, wird als interessant, oft sogar als »charismatisch« erlebt, meint die psychologische Forschung. Sie wachsen innerlich und in den Augen anderer auf vielerlei Art. Es ist durchaus gesunder Egoismus, es zu genießen, während Sie vorrangig das Ihnen anvertraute Kind unterstützen.

Formen Sie - so wie es RegisseurInnen tun - einzelne Momente zu Geschichten. Damit bekommen Ereignisse »eine gute Gestalt« (Gestaltpsychologie) und einen klaren Platz auf der Lebenslinie, das „erinnerte Leben" – (vgl. Kahneman: Schnelles Denken, langsames Denken. 2012) ein wichtiger Teil der individuellen Identität.

Suchen, sammeln und schreiben Sie Geschichten, die Kindern beim Wachsen helfen, anstatt sie großziehen zu wollen. Zauberei durch die Macht und Magie der Worte.

1.1 Wann leisten Geschichten gute Dienste?

! Vorab eine persönliche Frage: Erinnern Sie sich an eine Buchgeschichte, eine Film- oder Comic-Figur, die Sie als »Ihre Welt bewegend« erlebt haben? Was war eine der ersten beeindruckenden Geschichten (als Buch oder Film) Ihres Lebens? Wieso hat sie so gut gepasst? Was hat sie bewirkt? Gab es eine Lieblingsfigur darin? Welche Geschichte hat Sie vor kurzem berührt oder bewegt? Auf welche Weise? Was sagen diese erste und die letzte wichtige Geschichte über Sie aus, über Ihre Werte oder Lebensthemen?

Hören Sie zu, wenn andere Menschen über solche Fragen laut nachdenken. Nahezu jede/r von uns Erwachsenen erinnert sich an prägende Geschichten. Vielleicht wird eine/r Ihrer heutigen ZuhörerInnen in 20 Jahren noch immer an genau Ihrer Geschichte denken.

Zur rechten Zeit die richtige Geschichte zu hören, das kann ein Leben verändern.

Was also bewirken gute Geschichten? Bei welchen Problemen können Sie Kinder (und natürlich Erwachsene) dadurch unterstützen? Einen ersten Überblick bietet die Geschichtenliste am Ende des Buches.

Geschichten berühren und bewegen verschiedenste Facetten in Menschen. Entsprechend vielfältig sind die Gelegenheiten, wo Sie darauf zurückgreifen können. Sie können damit…

- bestimmte Gefühle erzeugen oder verändern (in sich selbst und in anderen Menschen): Geschichten fördern gezielt Mitgefühl, Freude, Zufriedenheit, Dankbarkeit, Trauer, Angst oder Sicherheit. Sie erzählen über emotionale Veränderungen und führen manche/n ZuhörerIn von nörgelnder Selbstkritik zu Stolz, von Scham zu gerechtfertigtem Ärger, von Schuldverleugnung zu Verantwortungsübernahme, vom Stillstand zum Entwicklungssprung. Manche dienen der reinen Unterhaltung oder sollen abends als Entspannungs- und Einschlafhilfe fungieren. Gute Vorbilder finden sich in der Wirtschaft (»Story telling«), in den Medien, in der Werbung oder auf der Bühne. Überall werden sie zur Erschaffung bestimmter Gefühle eingesetzt.
- belastende Gefühle oder schwierige Themen indirekt ansprechen, respektvoll herausfinden, was der/die andere über sich selbst denkt, neue Worte oder nützlichere Erklärungen dafür anbieten.
- Informationen, Werte oder Botschaften übermitteln, direkt oder indirekt (als Metapher, durch Symbole); Sie können Fakten, Gefühle, Verhaltensweisen, Lösungswege, Erklärungen u.v.m. vermitteln.
- Beziehung zwischen ErzählerIn und ZuhörerIn und zwischen den Zuhörenden erschaffen oder festigen. Geschichten über eine bestimmte Sache zu hören oder selbst zu erzählen,

9

verbindet mit dieser Sache.

- ganz neue Gedankengänge anregen, unbequeme Fragen stellen oder verwegene Antworten anbieten, Unerwartetes provozieren, neue Bewertungen vorschlagen (etwas scheinbar nur Gutes kritisch ausleuchten, etwas Gute im vordergründig Schlechten sichtbar machen).
- Vergangenes verstehen, abschließen und einordnen. Etwas Erzähltes wird besser in Erinnerung behalten. Die Details der Geschichte bestimmt, wie es erinnert wird und welche Lernerfahrungen daraus gezogen werden.
- Zukünftiges erleichtern, mögliche Schwierigkeiten vorhersagen und zugleich Lösungswege indirekt vorschlagen.
- bei alledem jedem Kind Spielraum für Kreativität, eigene Wahlmöglichkeit und Ablehnung offen lassen. Eine Geschichte erlaubt Distanzierung - viel stärker als ein direkter Rat oder Tipp. Reaktionen wie zum Beispiel: »Eine komische Geschichte. Das passt für mich gar nicht. So wie diese Geschichtenfigur würde ich nie handeln.« sind möglich und laden zur Diskussion ein.

Grundsätzlich verbinden fast alle Kinder mit dem Geschichten erzählen angenehme Gefühle, daher können Sie nahezu immer damit punkten. Schließlich sind wir es heutzutage mehr denn je gewohnt, uns die Erlebnisse anderer Menschen mittels Medien ins Wohnzimmer liefern zu lassen. Die hier beschriebenen dienen nicht (vorrangig) der Unterhaltung, sondern sie sollen konkrete Unterstützung für den Zuhörer oder die Leserin bieten.

Zielgruppe:

Das Erzählen kann in Familie und Freundschaften nützlich sein, in Kindergärten, in psychologischen, psychotherapeutischen und anderen Beratungs- und Behandlungsräumen. Manche Geschichten können ÄrztInnen, TrainerInnen oder Lehrkräfte dienen, die Kinder beruhigen, Trainees motivieren oder SchülerInnen inspirieren wollen. LogopädInnen können damit Kindern helfen, keine Angst vor dem Schlucken zu haben und PhysiotherapeutInnen fördern damit neue Bewegungsmuster.

Konkrete Anlässe und Ziele – passende, hilfreiche Geschichtenideen:

• Sie wollen einem Kind bei der Verarbeitung von belastenden Erlebnissen, von kleinen oder größeren Katastrophen helfen, die in der Vergangenheit passiert sind?	→ Heilsame Geschichten, Kap. 2.1 → Ein Buch oder einen Film anbieten, wo einer Figur etwas Ähnliches passiert und wo alles gut ausgeht. Danach darüber plaudern.

- Ein Kind hat ein unangenehmes Gefühl.

- Eine schwierige Situation steht einem Kind bevor und Sie wollen es darauf vorbereiten: Umzug, Schuleintritt, Operation…
- Ein Kind hat ein Problem (hat Ängste, kann nicht gut schlafen, kann sich gegen eine/n MitschülerIn nicht wehren…) und Sie wollen ihm Möglichkeiten aufzeigen, ohne z.B. direkte Ratschläge zu geben

→ Sie erzählen eine Geschichte, die ein neues Gefühl vermittelt (s. nächstes Beispiel).
→ Lösungsgeschichten in verschiedenen Varianten, Kap. 3.3
→ Ein Buch oder einen Film anbieten, wo einer Figur etwas Ähnliches passiert und wo alles gut ausgeht. Danach darüber plaudern.

- Ein Kind muss sich mit einem anstrengenden Verhalten von sich selbst herumschlagen und Sie wollen ihm helfen, es loszuwerden.
- Eine wichtige Bezugsperson zeigt ein anstrengendes Verhalten, worunter das Kind leidet. Sie wollen das Kind unterstützen, ohne über diese Person zu schimpfen.

→ Lösungsgeschichte, Tipps auf einer symbolischen Ebene geben Kap. 3.2
→ Teilegeschichten Kap. 3.3
→ Ein Buch oder einen Film anbieten, wo einer Figur etwas Ähnliches passiert und wo alles gut ausgeht. Danach darüber plaudern.

- Das Kind quält sich mit einem starken Selbstzweifel oder einem speziellen, belastenden Gedanken über sich selbst (= negative Selbstüberzeugung), wie z.B.:
  - »Ich kann das nie schaffen.«
  - »Ich bin dumm.«
  - »Ich habe eine hässliche Nase.«

→ Selbstwertgeschichten, wo mögliche Ursachen für die belastende Selbstüberzeugung erklärt werden und die Beweise gefunden werden für neue, gute Sätze und Selbstüberzeugungen:
→ »Ich habe schon viel geschafft, ich bin stark.« oder »Ich kann echt gut lernen.«
→ »Meine Nase ist ganz ok.« oder »Wer mich nur wegen meiner Nase nicht mag, der hat mich nicht verdient. Sie hilft mir, wahre Freundschaft zu finden.«

…und vieles mehr.

BEISPIEL in einem Krankenhaus: Ein Kinderarzt möchte, dass die jungen PatientInnen weniger gestresst sind, wenn er sie im Rahmen von Visiten untersucht. Wir besprechen, wie in peinlichen Situationen ein winziges Kompliment oder eine Ablenkung helfen kann.

Er überlegt sich zu einigen Körperteilen kleine, stärkende Geschichten:

Ein Kind kann eine »Lunge wie ein Pferd« haben, wunderschön symmetrische Füße wie ein bestimmter Tänzer, schmal und stark sein wie eine Läuferin. Ein außergewöhnlich angenehmer Kleidungsstoff erinnert an Seide und an die interessante Geschichte der Seidenraupe, die Farbe der Haare an die Fellfarbe eines tollen Tieres... Von nun an findet er bei Bedarf an jedem Kind etwas wahres Gutes, über das er eine solche Mini-Geschichte erzählt, während er genau diesen Teil unter die Lupe nehmen muss. Oder er erzählt sie als Ablenkung bei der Untersuchung eines anderen Körperteils.

Dieser Arzt horcht wenig später im Krankenzimmer die Lunge eines Jugendlichen ab, der sich dabei sehr unwohl fühlt. Ganz offensichtlich schämt er sich. Nun sagt der Arzt unvermittelt und voller Anerkennung zu ihm: »Wow!! Du hast ja eine Lunge wie ein Pferd....« (er hätte auch ablenkend über dessen tolle Füße reden können). Er beginnt, eine Geschichte über die Ausdauer und Kraft dieser Tiere zu erzählen. In der Sekunde ist die Scham wie weggeblasen. Der junge Bursche hört – wie übrigens alle anderen Kinder im Krankenzimmer auch – fasziniert zu. Ich glaube, er wird bis an sein Lebensende zufrieden oder stolz denken: »Ich habe eine Lunge wie ein Pferd. Toll!«

1.2 Was sind tragende Elemente?

Die Frage nach den wichtigsten Grundlagen einer Geschichte, die ja faszinieren und fesseln möchte, kann glücklicherweise nicht allgemeingültig beantwortet werden. Denn die Vielfalt der Menschen fordert einen bunten Strauß verschiedenster Angebote, damit jede und jeder eine Geschichte finden kann, die gefällt, inspiriert oder berührt. Das soll also eine sehr subjektive Sache bleiben dürfen. Andere Menschen sind bei aller Ähnlichkeit doch immer auch ein wenig anders als Sie oder ich.

❗Ich schlage vor, Sie nehmen sich einen Moment Zeit, bevor Sie weiterlesen: Welche gemeinsamen Merkmale haben Geschichten, die Ihnen persönlich gefallen? Gibt es RegisseurInnen oder AutorInnen, die »gut« schreiben? Was genau ist das Faszinierende daran?

Eine Geschichte, die **bei mir** gut ankommt, hat etwas mit mir zu tun (Möglichkeit der **Identifikation**). Doch sie handelt ja nicht explizit von mir, will mir nichts einreden oder mir Meinungen vorschreiben. Erreicht wird diese Möglichkeit zur **Distanzierung** durch Elemente, die auf irgendeine Art anders als in meinem Leben sind.

Natürlich muss der **Inhalt** mein Interesse wecken: Die Geschichte der Luftfahrt packt mich persönlich weniger als jene vom Haus, in dem ich lebe. Die **angenehme Verpackung** dieses Inhaltes in ansprechende Worte und Sätze ist mir wichtig. Schöne und neuartige Formulierungen oder Sätze, die in meinem Kopf sofort ein Bild, eine Vorstellung erzeugen, mag ich persönlich sehr gerne. Solche besonderen Textstellen merke ich mir über Jahrzehnte.

Die Geschichte kann durchaus ganz eigene, vielleicht sogar irreale Regeln aufstellen (wie in Zauber- oder Science-Fiction-Welten), doch dieser Logik muss sie dann auch schlüssig folgen.

Realistische Dramen, Trauma- oder Angstgeschichten meide ich, denn ich höre ohnehin genug Erschreckendes und Trauriges, das Menschen wirklich erlebt haben. Ich mag keinen komplizierten Aufbau, wo es für mich anstrengend ist, die Handlung zu verfolgen. Ich »steige aus«, sobald ich lange Satzgefüge entschlüsseln oder mir eine Unzahl verschiedener Namen merken soll. Denn ich lese zum Vergnügen und vermeide deshalb Texte, bei denen mein ohnehin geplagtes Gehirn schwer arbeiten muss. Soll ich eine Geschichte beim Zuhören mögen, dann muss sie noch einfacher sein, als wenn ich sie lese.

Andere Menschen jedoch sind anders als Sie und anders als ich – und wir schreiben schließlich die Geschichte meist nicht für uns selbst. Unsere Leser- oder ZuhörerInnen sind im Endeffekt das Maß aller Dinge. An ihnen muss sich eine Geschichte ausrichten, denn dort soll sie schließlich landen. Hier nun einige tragende Elemente, die mir für Geschichten, die berühren und bewegen sollen, besonders wichtig erscheinen.

Zuneigung

Wer eine Geschichte erzählt, sollte den/die Menschen, für den/die sie gedacht ist, mögen. Ganz grundsätzlich. So wie Sie vielleicht das Meer, ein Tier oder ein Haus wirklich gern haben, auch wenn Ihnen die eine oder andere Facette »an der Oberfläche« nicht zusagt. Wertschätzung und wohlwollendes Interesse sind jene Basis, die Menschen jedes Alters brauchen und auch wahrnehmen, obwohl sie vielleicht (noch) gar keine Worte für dieses angenehme und sichere Gefühl haben, welches dadurch entsteht.

»Es ist, was es ist, sagt die Liebe.« Erich Fried

Interessanter Inhalt

Eine gute Geschichte enthält Informationen, welche die Lebenswelt Ihres Gegenübers direkt betreffen oder berühren. Dabei kann es sich um Äußerlichkeiten handeln: Vielleicht ist die Heldin Ihrer neuen Geschichte »zufällig« auch der Star der Lieblingsfernsehserie oder hat die gleiche Lieblingsspeise. Tiefgreifend interessant kann es werden, sobald ein Gefühl oder Gedanke (z.B. eine Sorge) des Kindes behutsam, spielerisch oder in Form einer Metapher zum Thema gemacht wird.

Eine tragende Säule für Interesse sind also Ähnlichkeiten. Manche Probleme, Fragen, Vorlieben oder Gefühle des Kindes werden direkt oder indirekt aufgegriffen oder beschrieben. Deshalb hört es gespannt zu. Solche Elemente sind die Basis, um Aufmerksamkeit und Identifikation mit den Inhalten zu erreichen. Neues zu hören ist für Menschen grundsätzlich ebenfalls interessant.

»Da geht's um etwas, das ich von mir selbst kenne oder das mir auch passieren könnte... Das wusste ich gar nicht... Aha, das Häschen hat Angst, so nennt man also dieses unangenehme Bauchkribbeln... Anderen geht es auch wie mir.« – Diese und ähnliche Gedanken gehen vielleicht dem Kind durch den Kopf. Spannend.

Sorgsam gewählte Worte

Verständlichkeit: Worte und Sätze sollen Inhalte vermitteln und müssen daher verstanden werden. Bei jungen Kindern braucht es kurze Worte. Einfache Sätze. Überschaubare Länge. Geschichten werden also immer angepasst an das Alter und das Verständnis des Kindes. Schließlich soll jede/r am Ende der Geschichte (oder des Satzes) noch den Anfang wissen. Sonst weigert sich das Gehirn, sie gern und leicht aufzunehmen, selbst wenn der/die ZuhörerIn sich sehr darum bemüht.

Innere Vorstellungen und Bilder: Meistens berührt eine Sprache, die Bilder im Kopf des Kindes erzeugt. Haben Sie schon einmal ein Buch gelesen und gemerkt, dass Sie dazu einen ganzen »Film« im Kopf gestalten? Deshalb kann es Enttäuschungen geben, sobald solche Bücher später verfilmt werden: Der Kinofilm und das vorher automatisch gedrehte, detailreiche »Kopfkino« passen nicht zusammen. Erzählen Sie variantenreich, voll mit Sprachbildern, lautmalerisch. Als Gegenbeispiel möge die Stimme des Navigationsgeräts dienen. Es erzählt keine Geschichte, sondern liefert nur ein Minimum an Information.

In andere Menschen »hinein krabbeln«: Spannend wirkt es, nicht (nur) Äußerlichkeiten und Fakten zu beschreiben. Eine gute Geschichte vermittelt einen lebendigen, nachvollziehbaren Eindruck von der Außen- UND Innenwelt der Geschichtenfiguren. Ein nüchterner Bericht hingegen zählt minimalistisch die beobachtbaren Tatsachen auf:

»Um 7.30 stand sie auf, weil der Wecker läutete. Sie nahm ein gesundes Frühstück zu sich und zog die Kleidung an, die sie bereits am Abend vorher hergerichtet hatte. 10 Minuten nach 8 Uhr verließ sie die Wohnung.«

So klingt keine mitreißende Geschichte. ABER die beobachtbaren Fakten ohne viel Emotion zu sammeln, den Ablauf zeitlich zu rekonstruieren und in eine richtige Reihenfolge zu bringen, das kann trotzdem wichtig sein: Bringen Sie auf diese Weise Klarheit in etwas Geschehenes, falls ein (junger) Mensch nach dem Erleben einer Extremsituation verwirrt und im Durcheinander von Wahrnehmungssplittern, Ereignissen, Gefühlen und Gedanken gefangen ist (Kap.4.1).

Die Innenwelt zu beschreiben heißt, das Unsichtbare - Gedanken, Gefühle, Körperempfindungen, Ursachen oder Ziele - zu benennen. Details erlangen Bedeutung, weil ihr Zusammenhang mit anderen Elementen erklärt wird. Oft weckt das Faszination und Interesse. Es zieht uns an, zieht uns hinein in die Geschichte:

»Der schrille Ton des Weckers riss sie aus dem Schlaf. Etwas benommen und müde sah sie sich um. Der Himmel war schon hell und erfüllte den Raum mit einem sanften Licht. Das gab ihr die Kraft, sich trotzdem ein Frühstück zu machen, das sie genießen konnte. Wie gut zu sich selbst sie geworden war! Sogar die Kleiderwahl hatte sie schon am Vorabend getroffen und nicht bis zur letzten Sekunde hinausgezögert.«

»Ein Satz muss rote Backen haben.« Hans Habe

Guter Kontakt mit dem Publikum

Die intensive Kommunikation, auch wenn scheinbar nur eine Seite aktiv ist und spricht und die andere Person passiv zuhört, ist ein weiteres Geheimnis von erfahrenen ErzählerInnen.

Dafür beobachtet man möglichst genau die Reaktionen des Kindes und reagiert sofort darauf wie bei einem gemeinsamen Tanz: Das Tempo oder die Stimmlage wird verändert, die Geschichte radikal abgekürzt oder ausgeschmückt. Gutes Erzählen ist ein »Feedback-Prozess«, ähnlich wie Autofahren in Kurven: Man dreht das Lenkrad, kann sofort beobachten, wohin das Auto fährt und dann lenkt man zurück oder legt noch nach. Als GeschichtenerzählerIn können Sie *nie* vorher genau wissen, wie die Reaktion sein wird. Kein Problem, sobald Sie Ihren Kurs flexibel an die Gegebenheiten anpassen und verändern, falls notwendig.

Diese Reaktions-Fähigkeit wird aufgebaut und geschult, wenn Sie möglichst oft **interaktive Geschichten** aus dem Ärmel schütteln. Das sind gemeinsam entwickelte Erzählungen, die vollkommen planlos direkt aus der Gegenwart entstehen: Jemand fängt an: »Es war einmal ein kleines…« und fordert dann seine ZuhörerInnen auf, diesen halben Satz zu ergänzen. Die Antwort wird aufgenommen, man spinnt den Faden weiter und gibt ihn bald wieder ab. Das Ergebnis kann enorm klug, witzig oder verrückt sein – und vermittelt nahezu immer ein starkes Zusammengehörigkeitsgefühl bei allen Beteiligten. Mehr dazu als kostenfreier Download über »Interaktives Geschichtenerzählen« im Webshop der Autorin (www.geschichtenundpsychologie-shop.at).

Eine lebendige Sprechweise

Ein aufregender, brillanter Text mit monotoner Stimme vorgetragen? Jedes Kind, jeder Erwachsene reagiert gelangweilt. Die Art des Sprechens, auch »para- und nonverbale Kommunikation« genannt, ist manchmal wichtiger als der Inhalt.

Von Zeit zu Zeit begegnet man live oder über die Medien einem Menschen, der richtig gut erzählen kann. Dann hören wir sogar einem eigentlich öden Thema gespannt zu. Nutzen Sie diese Gelegenheit und achten Sie nicht mehr auf das, was diese Person sagt. Sondern beobachten Sie, was **sie tut**, wie sie spricht, steht, schaut, wie die Stimme klingt, die Wahl der Worte, den Aufbau der Sätze. Aus einer solchen Analyse können Sie sicher mehr lernen als durch kluge Bücher. Denn diese Person verkörpert vermutlich einen Sprechstil, der **genau zu Ihnen** passt.

Freiheiten und Spielräume lassen

Eine Geschichte kann die Wahrheit beschreiben, soweit sie mit Sicherheit bekannt ist:
»Du bist damals in den Kindergarten gegangen. Alles war ziemlich gut. Doch an einem schönen, sonnigen Tag ist etwas Schlimmes passiert. Da plötzlich...«
Diese ganz direkte, unverblümte Erzählweise sollten Sie jedoch nur in Bereichen wählen, wo Sie sichere Informationen über das Verhalten der Beteiligten, Äußerungen des Kindes, über Fakten und Daten haben.

Meistens kennen wir jedoch nur unsere Sichtweise, also unsere persönliche »Wahrheit«. Wir haben bestenfalls gute Vermutungen, was der andere Mensch wahrgenommen, gedacht oder befürchtet haben könnte. Das gilt sogar bei Ereignissen, wo Sie persönlich dabei waren: Befragen Sie andere Anwesende, Sie werden erstaunt über die vielen unterschiedlichen »Wahrheiten« sein. Je dramatischer das Geschehen, umso größer die individuellen Unterschiede.

Das Wörtchen »vielleicht« oder ein Konjunktiv im Text eröffnen die notwendigen Freiräume und Wahlmöglichkeiten. Im nun folgenden Beispiel ist vieles bekannt, doch über die Gefühle, Wahrnehmungen und Gedanken des betroffenen Kindes können Sie nur Spekulationen anstellen:
»Also: An diesem sonnigen Dienstag, es war der 2.5.2011, passierte etwas Schlimmes... (das Geschehene ordnen und benennen). Da hast du vielleicht denken müssen... Und es könnte sein, dass du das Gefühl hattest, dass... Alles war durcheinander. Ich weiß nicht, ob du... oder... gesehen hast.«
Noch mehr Spielraum für Distanzierung erlaubt es, wenn Sie eine solche Geschichte mit einer ganz anderen Hauptfigur erzählen und das Geschehen indirekt beschreiben, es »durch die Blume« sagen:
»Es war einmal ein Blümchen. Alles war gut. An einem sonnigen Tag im Frühling jedoch passierte etwas Schlimmes... Da musste das Blümchen vielleicht denken...«

Niemand von uns lässt sich gern etwas einreden. Keiner mag es, wenn etwas behauptet oder richtig erraten wird, das peinlich ist. Kinder sind da nicht anders als Erwachsene. Geschichten sollen ZuhörerInnen zwar einladen, sich angesprochen und verstanden zu sehen. Doch gleichzeitig sollen sie die Möglichkeit geben, sich zu distanzieren und sich nicht betroffen zu fühlen.

Grundsätzlich gilt: Je weniger Sie **wirklich** über ein belastendes Problem oder ein erschreckendes Ereignis in der Vergangenheit wissen, umso indirekter und behutsamer sollten Sie vorgehen, mit vielen distanzierenden Elementen.

Allzu wenige Berührungspunkte allerdings machen eine Geschichte bedeutungslos. Daher werden Sie hin und wieder die Rückmeldung bekommen: »Langweilig. Uninteressant. Das würde ich nie tun, so nie denken, nie fühlen. Nein.« Auch gut, es darf sein, die nächste Geschichte kommt vermutlich besser an, denn Sie suchen bzw. bauen mehr Ähnlichkeiten ein. Wie das geht, erfahren Sie in den folgenden Kapiteln.

Ihr tiefer Respekt vor einem Menschen — und sei er noch so jung — kommt darin zum Ausdruck: Sie wollen niemandem etwas ein- oder ausreden. Jede Geschichte ist nur ein Angebot, eine Einladung, die selbstverständlich auch ausgeschlagen werden darf.

> *»Niemand ist berechtigt, sich mir gegenüber so zu verhalten, als kennte er mich.« Robert Walser*

Klare Strukturierung

Der 7-teilige Leitfaden bzw. Bauplan, der in Kap. 2 vorgeschlagen wird, ist nur eine von vielen Möglichkeiten, Ihrer Geschichte eine klare Struktur zu geben. Grundsätzlich müssen zumindest Anfang / Mittelteil / Ende erkennbar sein. Ob der Text eine Problembeschreibung samt Lösung enthält oder einfach nur zur sanften Entspannung einlädt, wird von Fall zu Fall unterschiedlich sein.

In Trauma- und Lösungsgeschichten neigen viele dazu, die Geschehnisse allzu umfassend und detailliert berichten zu wollen. Das führt unweigerlich zur Verzettelung. Übrig bleibt eine grandiose Idee, vergraben in einem Haufen Verwirrung.

Alle beliebten Filme oder Bücher beinhalten eine tolle, wichtige Idee oder ein Element, mit dem sich die ZuseherInnen oder LeserInnen stark identifizieren. Doch manchmal ist diese Kostbarkeit an viel Ungutes so gekoppelt, sodass dieser Teil überwiegt: zu viel Horror oder Drama neben der guten Idee, zu viel Kommerz über dem interessanten Grundthema, ein zu negatives Weltbild unter der spannenden Handlung.

Daher ist es oft klarer, einfacher und schneller, eine Geschichte selbst zu entwickeln. Es muss kein »Werk« werden, nur ein hilfreicher, sehr persönlicher Input in schwierigen Zeiten.

Ich empfehle, mit **genau und nur** jenen 7 bis 9 Sätzen zu beginnen, die dem Leitfaden entsprechen. Erst danach weitere Details hinzuzufügen, sodass die Geschichte für ältere Kinder lang und interessant genug wird. Es ist fast so, wie wenn Sie einen Raum zuerst mit dem Allernötigsten einrichten. Danach wird er ausgeschmückt und wohnlich gestaltet, ohne ihn zu überfrachten. Mehr zu diesem Leitfaden in Kap. 2, hier jedoch bereits ein erstes Beispiel.

GESCHICHTE in 7 bzw. 9 Sätzen für ein Kind, das durch eine Katastrophe mehrere Familienmitglieder gleichzeitig verloren hat. Es interessiert sich grundsätzlich sehr für die Natur, daher wurde ein Baum als »Hauptfigur« gewählt. Diese 7 Sätze noch weiter auszuschmücken ist bei älteren Kindern natürlich notwendig. In der vorgestellten Form passt sie gut für ein Kleinkind.

1 - Es geschah einmal vor 100 Jahren in einem weit entfernten Wunderland. Da wuchs ein kleiner Baum, ich glaube, es war eine Birke, mitten im Kreis von großen Bäume. Er hatte rundherum ein richtig gutes Leben, obwohl es dort ganz schön stürmisch zugehen konnte. (+ Details)

2 - Doch eines Tages warf ein besonders starker Wind drei von den großen Bäumen um. (+ Details, z.B. Tatsachen, Gefühle, Wahrnehmungen, Körperempfindungen)

3 - Da musste er denken: »Ich bin verloren. Ich kann das nicht aushalten.«

4 - Leider kann so etwas Schlimmes einem Bäumchen passieren, sogar im Wunderland.

5 - Doch dieser Baum erkannte bald, dass er kräftig und geschützt genug war, weiterzuwachsen. Das war am Anfang schwierig, weil er jetzt viel stärker den Wind, der durch das Land brauste, spüren konnte. (+ Details, Hilfen, Stärken)

6 - Er konnte langsam anfangen zu denken: »Ich kann es schaffen.«

7 - Und so wuchs er weiter und weiter und tatsächlich gehörte er später zu den höchsten und stärksten Bäumen des Waldes. (+ Details) Und die Baumhausmaus läuft in ihr Baumhausmaushaus und die Geschichte ist jetzt aus.

Fangen Sie jede Traumageschichte mit genau diesen **7 Grund-Sätzen** an oder suchen (und ergänzen Sie notfalls) diese Elemente in fertigen Filmen, Märchen und anderen Geschichten. Sie sind wichtig. Hintergrundinfos dazu im Kap. 4.

Ein Quäntchen Mut: Erfahrungen sammeln

Erzählen Sie bitte ab sofort einfach drauf los: Alltags-, Urlaubs- und Kindergeschichten, Mini-Geschichten unter dem Motto: »Das hat mich heute gefreut – und das geärgert« oder kleine Witzgeschichten. Sie werden von Tag zu Tag zu einem noch besseren Erzähler, einer noch besseren Erzählerin heranwachsen.

Heilsame Geschichten müssen Sie vor dem Erzählen vermutlich gut durchdenken und detailliert niederschreiben, bis Sie etwas Erfahrung darin haben.

Wichtig ist nur, dass Sie anfangen. Heute noch.

Hegen Sie die heimliche Hoffnung, dass Sie das Erzählen ohne jede Übung plötzlich gut können, wenn Sie nur wirklich genug Bücher darüber gelesen haben? Dann lade ich Sie zu einem Experiment ein:

!Verwenden Sie den nächstbesten Witz (meist eine Mini-Geschichte mit Pointe) und lernen Sie ihn gewissenhaft auswendig. Sobald Sie ihn zum ersten Mal erzählen, nehmen Sie sich selbst mit Ihrem Mobiltelefon auf. Erzählen Sie ihn 5 Menschen, wieder Diktierfunktion nutzen, weitere 5 Mal, dann neuerlich aufzeichnen. Sobald Sie nun diese 3 Aufnahmen abhören und vergleichen, werden Sie verstehen, warum ich mit Sicherheit behaupten kann: Gutes Witzeerzählen lernt man nur durch Witze, die man erzählt. Kein Witz! Genau das ist das Geheimnis hinter jedem guten Erzählen. Nur Mut. Es kann nichts Schlimmes passieren, es ist ja nur eine Geschichte.

1.3 Wie und wo können Sie Ideen finden?

Bücher, Filme, Serien, Zeitungen... bestehen aus Geschichten, die jemand anderer geschrieben hat. Dazu kommen noch viele, die wir als wahre oder erfundene Erzählungen hören und jene, die wir selbst (mit)erleben. Sie können von nun an die besonders berührenden Ideen oder interessanten Inhalte sammeln. Am besten eignet sich dazu ein eigener Ordner (digital oder auf Papier). Sobald Sie dann eine Geschichte für ein ganz bestimmtes Anliegen brauchen, können Sie darauf zugreifen.

Es lohnt sich, auf verschiedene Aspekte zu achten. Stellen Sie sich bei der Geschichte vom Heiligen Nikolaus, bei Ihrer Lieblingsfernsehserie oder dem Märchen vom Froschkönig folgende Fragen: »Was sind meiner Meinung nach **Ziele und Absichten** der ganzen Geschichte? Was ist das allgemeine, wichtige **Hauptthema** dabei? Um welches konkrete **Ereignis** geht es? Wer und wie sind die **Hauptfiguren**? Welche **Botschaften** oder **Lösungswege** höre ich heraus?«

Machen Sie sich ab heute bewusst Gedanken zu diesen oder ähnlichen Kategorien, sobald Sie Bücher lesen oder Filme sehen. Sie werden dadurch immer leichter erkennen, welche Geschichte für welchen Anlass passt bzw. ob sie mit wenigen Änderungen passend gemacht werden kann. Es wird auf diese Weise immer einfacher, eine eigene zu schreiben.

Wichtige Fragen, bevor Sie mit der Suche oder dem Schreiben beginnen:

- Was ist mein **Ziel**? (Will ich durch eine Geschichte unterhalten, informieren, trösten, den Selbstwert stärken, eine bestimmte Lösungsbotschaft schicken, etwas neu erklären, das Einschlafen erleichtern...?)
- Was ist das allgemeine **Hauptthema**, um das sich die Geschichte drehen soll? (Sinnfrage, Hilfsbereitschaft, Trauer, Durchhaltevermögen, Umgang mit Fehlern…)
- Für welches **Ereignis** soll sie helfen? (Erfolg, Scheidung, Geburt, Tod, Schuleintritt, Krankenhaus, Umzug…)
- Gibt es eine für das Gegenüber sympathische **Hauptfigur**? (Tierkind, König/in, Prinz/essin, Drache, Lokomotive, HeldIn…)
- Welche konkrete **Botschaft** will ich übermitteln? (Hilfe zu holen ist wichtig. Jeden Tag nur einen kleinen Schritt planen. Genaues Beobachten hilft, Gefahren zu erkennen…)

Nun können Sie zu genau diesen Unterkategorien fertige Geschichten beziehungsweise Anregungen für eigene Texte suchen. Fündig wird man an allen Ecken und Enden: **Fragen Sie die Welt:** Blättern Sie Bücher durch, fragen Sie im Bekanntenkreis, nutzen Sie die verschiedenen Suchmaschinen im Internet. Durchsuchen Sie Bücher und die alten Märchen. In welchen dort geschriebenen Erzählungen sind die für Sie wichtigen Elemente enthalten? Nehmen Sie sich die Freiheit, sie entsprechend zu verändern, das Ende umzuschreiben oder Details neu zu interpretieren.

BEISPIEL: Beim »Froschkönig« kann man unterschiedlichste Botschaften herauslesen oder in den Vordergrund stellen:

Jeder Mensch (die Prinzessin) kann sich unvorsichtigerweise ein Problem (einen Frosch) einhandeln, wichtig ist nur, was man damit tut; man soll nicht aufgeben – wie der Frosch; man soll rechtzeitig aufgeben und keinesfalls über persönliche Grenzen gehen – wie die Prinzessin; gute Menschen sind hilfsbereit; kluge Menschen verhandeln; manchmal muss man sich energisch wehren und Regeln brechen; die Lösung kommt oft unerwartet…

Fragen Sie Ihr Gehirn: Suchen Sie in Ihrem eigenen kopfinternen Supercomputer, den Sie schon seit ein paar Jährchen durch die Welt tragen. Vielleicht liegt irgendwo in einem Gedächtnisspeicher eine vage Erinnerung an ein passendes Märchen, an einen alten Film, ein Detail aus der Tier- oder Pflanzenwelt, einen Zeitungsartikel. Dort warten bereits viele Ideen für Geschichten, die zur Welt gebracht werden wollen.

Suchen Sie im Alltäglichen: Mit konkreten Fragen und neugierig-suchendem Blick können Sie Ihre Wahrnehmung focussieren. Wer die hauseigene »Lösungssuchmaschinerie« mit einer guten Frage füttert, wird damit nicht nur sein Gedächtnis automatisch durchsuchen, sondern auch seine Wahrnehmungsfilter gezielt verändern und zustandsabhängige Erinnerungen in sich aktivieren. Solche Fragen sind zum Beispiel: »Was kann bei Problem X helfen?... Ich brauche eine Geschichte für Y zum Thema... In welche Metapher kann ich das Problem Z verpacken?...« Sie können sich helfen, Antworten zu sehen, die sonst unbeachtet in der Flut der Sinneseindrücke untergehen: ein Zeitungsartikel, das Gespräch am Nachbartisch oder eine Szene in einem Film. Dann heißt es nur noch zugreifen und im Gedächtnis behalten.

Mittels guter Fragen nutzen Sie gezielt bekannte Mechanismen unseres Gehirns:

- Ein Gehirn sucht Antworten auf genau die Fragen, mit denen es aktuell »gefüttert« wird. Wie die Suchmaschine im Internet nutzt es zentrale Begriffe. Achten Sie also gut auf die Art der Frage: »Wieso kann ich X bei ihrer Angst nicht helfen?« bringt nicht weiter. Bessere Ergebnisse liefert: »Was könnte X gegen die Angst helfen? Was brauche ich dazu?« Fragen Sie sich nicht noch länger: »Warum bin ich so unfähig? Warum finde ich keine Lösung?«, sondern: »Wann bin ich fähig? Was kann ich tun, damit es mehr wird? Wo finde ich eine Lösung?« Es sind schließlich nicht Argumente für das Problem, sondern Lösungs- und Veränderungsideen, die Sie finden wollen.

- Unser Gehirn bildet ständig Erwartungen: Sobald wir die erste Stufe einer Stiege hinab steigen, erwarten wir automatisch, dass die nächste genauso hoch ist. Wenn nicht, erschrecken wir. Viele unserer Erwartungen sind unbewusst und automatisch. Wir realisieren sie gar nicht. Nur durch Erschrecken, Enttäuschung und Überraschung erkennen wir, dass wir eine hatten. Und Enttäuschung mag unser Gehirn gar nicht. Deshalb betreibt unser hauseigener Supercomputer ziemlich viel Aufwand, um seine eigenen Erwartungen auch zu erfüllen. Dieses psychologische Phänomen und seine Folgen sind allgemein als »selbsterfüllende Prophezeiung« bekannt. Achten Sie deshalb darauf, Gutes und Nützliches zu erwarten.

- Das Gehirn nimmt wahr, was es als »interessant« bewertet. Falls Sie also zu einem bestimmten Thema oder Problem eine Idee bzw. Geschichte suchen, dann machen sie es vorher interessant: sich damit beschäftigen, nachlesen, die Frage einige Tage im Kopf wandern lassen, aufschreiben. Beweisen Sie Ihrer inneren Suchmaschine, dass es Ihnen ernst ist und Sie unbedingt an einer Lösung interessiert sind. Stellen Sie gute Fragen, immer wieder, immer ein wenig anders formuliert. Beauftragen Sie Ihr Gehirn, Lösungen zu erinnern oder passende Ideen in unserem informationsgefluteten Umfeld zu erkennen und aufzuschnappen, sobald sie in Form einer passenden Geschichte vorbei schwimmt.

GESCHICHTE, wie es Eltern gelungen ist, eine perfekte Lösungsgeschichte für ihre Tochter zu finden:

Es geschah einmal vor gar nicht so langer Zeit, da lebten Eltern, die wollten so gern ihrer kleinen Tochter helfen. Denn diese war ein wenig verloren und ängstlich dabei, die neue Welt »Kindergarten« kennenzulernen. Sie suchten im Internet die Schlagwörter »Geschichte« und dazu noch Begriffe wie »Trennung« und »Angst« (Hauptthema), »Kindergarten« (Ereignis), »Ermutigung« (Ziel) und »Schmetterling« (aktuelles Lieblingstier). Sie erinnerten sich an alte Märchen und sammelten alle, wo es um Angstbewältigung und Heldinnen-Reisen ging. Und sie begannen, jeden Tag eine der gefundenen Geschichten zu erzählen.

Doch die letztendlich beste Geschichte servierte das Leben - man brauchte sie nur erkennen und »essfertig« machen: Beim abendlichen Spiel krabbelte ein kleinwinziger Käfer einsam über den Tisch. »Wo kommt der denn her. Er hat sich wohl verkrabbelt. Hat er Angst, wenn er so allein ist, ganz ohne Futter?«, sagten sie. Die Tochter wollte dem Käfer helfen. Daraus entwickelte sich eine aufregende Rettungsgeschichte, wo das Kind und ihre Eltern über die Vergangenheit des Tierchens nachdachten, seine Not und mögliche Rettungswege. Sie ließen schließlich den Käfer vorsichtig auf ein Blatt klettern und setzten ihn mit einem kleinen Apfelstückchen als Nahrungsvorrat auf die nächste Wiese. Das war eine unfassbar spannende Geschichte für das Kind! Jeder bekam sie noch einige Tage lang zu hören und sie wurde weitergesponnen und ergänzt um Abenteuer, die das Käferchen noch zu überwinden hatte, bevor es Sicherheit und Freundschaft fand. Das kleine Mädchen hatte sich dabei selber als gut und stark erlebt, als eine Retterin, die jemand Schwächeren unterstützt und mit ihm sogar ihr Essen geteilt hatte.

Und ganz ohne weitere Hilfe (denn den Eltern war zunächst gar nicht klar, bei welcher genialen Geschichte sie assistiert hatten) übertrug das Mädchen diese Lernerfahrung in den Alltag: Es schaute im Kindergarten nicht mehr auf die lauten, starken Kinder, sondern begann diejenigen zu unterstützen, die ängstlich waren und mit ihnen das Essen zu teilen.

Das nächste Kapitel 2 »Geschichten über die Vergangenheit« beinhaltet nun wie angekündigt eine besondere, psychologisch fundierte Geschichtenform, die aus 7 Teilen besteht. Dadurch können belastende Erlebnisse verarbeitet oder gute Erfahrungen verankert werden.

In Kap. 3 »Geschichten für eine bessere Zukunft«. finden Sie Ideen, wie Sie heilsame Botschaften für mehr Selbstbewusstsein oder Informationen über zukünftige Herausforderungen und Lösungsmöglichkeiten mit Hilfe von Geschichten vermitteln können.

Diese Aufteilung verdeutlicht selbstverständlich nur eine Schwerpunktsetzung: Jede Erzählung, die ein Stück der Vergangenheit erklärt, zeigt zugleich ein mögliches Muster für die Zukunft. Und jede, die ein Bild einer zukünftigen Situation entwirft, liefert eine Alternative für das Verhalten in der Gegenwart. Die interaktive Geschichte, die ohne besondere Absicht aus der Gegenwart entsteht (als kostenfreier Download im Webshop der Autorin), lässt vielleicht auch die Vergangenheit in einem neuen Licht erscheinen oder gibt Hinweise für zukünftige Lösungen. Daher werden sich die zentralen Inhalte mehrfach wiederholen.

Den Abschluss bildet Kap. 4, wo psychologisches Hintergrundwissen in Grundzügen dargestellt wird und Kap. 5 mit Antworten auf wichtige Detailfragen.

2 Geschichten über die Vergangenheit

Dieses Kapitel stellt eine besondere, psychologisch fundierte Geschichtenform vor. Sie kann helfen, bereits vergangene belastende oder schöne Erlebnisse gut zu verarbeiten bzw. zu nutzen.

Danach besitzen Sie einen Bauplan, um selbst effektive Geschichten zu entwickeln, sogar wenn Sie sich bisher für nicht besonders talentiert gehalten haben oder sich mit phantasievollem Erfinden schwer tun. Gehen Sie Schritt für Schritt anhand des Leitfadens vor. Dabei zunächst durchaus sachlich beschreiben, was (vermutlich) gewesen ist und was (vielleicht) sein könnte, mit Blick in die mögliche Innen- und Außenwelt des Kindes.

Sie brauchen keine Wortakrobatik oder besondere Kunstfertigkeit. Im Gegenteil: Bei den Workshops zu diesem Thema merke ich immer wieder, dass die routinierten GeschichtenschreiberInnen mehr Schwierigkeiten als EinsteigerInnen haben: Sie verlassen die heilsame Struktur, verlieren damit die Richtung und können sich dadurch heillos verirren. Eine heilsame Geschichte soll kein Kunstwerk der Weltliteratur werden. Sie soll einem Kind helfen. Nicht mehr und nicht weniger.

Die verwendeten Bausteine werden aufgereiht wie Perlen auf einer Schnur. Die vorgegebene Reihenfolge ist wichtig. Denn dieser Leitfaden stammt ursprünglich aus der Traumabehandlung mit EMDR (s. Kap. 4.1) und wurde vielfach erprobt. Die grundsätzlichen Schritte lassen sich meiner Erfahrung nach wunderbar verallgemeinern und in guten Alltagsgeschichten umsetzen.

Auch in bereits fertig geschriebenen Buch- oder Fernseh-Geschichten kommen diese 7 Elemente teilweise vor. Das Wissen aus diesem Buch hilft hoffentlich, die dort enthaltenen Botschaften und Bestandteile klarer zu erkennen. Dann ist es einfacher zu bewerten, ob eine Geschichte für Ihr bestimmtes Anliegen nützlich ist oder passend gemacht werden kann.

2.1 Heilsame Geschichten über belastende Erlebnisse

Falls ein Kind etwas Beängstigendes, Beschämendes, Schmerzvolles, Trauriges, Verwirrendes oder auf andere Art Belastendes erlebt hat, ganz egal ob selbst verschuldet oder vollkommen unschuldig, braucht es respektvolle Unterstützung bei der Bewältigung. An erster Stelle sind die Bezugspersonen gefordert, gut und nützlich zu handeln. Weitere, helfende Berufsgruppen können wichtige Beiträge leisten. Manchmal sind ungute Folgen nicht zu verhindern. Geschichten können zu beinahe (Kap. 4.1) jedem Zeitpunkt der Verarbeitung helfen. Nun ein weiteres Beispiel:

GESCHICHTE für ein Kindergartenkind zur Unterstützung nach einem beängstigenden Erlebnis im Krankenhaus: Damals musste das Kind festgehalten werden und hat seither Angst vor Menschen in weißen Mänteln.

1 - *Es war einmal ein kleines Hundekind in einem Hundewunderland. Das hieß Bello (oder noch besser: Sie lassen das Kind selbst einen Namen wählen). Bello lebte glücklich und zufrieden mit seiner Mama und Papa in einer Hundehütte. Alles war gut.*

2 - *Eines Tages geschah etwas, das allen kleinen und großen Tieren passieren kann: Bello wurde krank. Alle hatten ein bisschen Angst. In so einem Fall kommt in dem Hundewunderland, wo Bello wohnt, immer ein Doktorhund, um die Krankheit wieder zu verjagen. Doch als der Doktorhund zu Bello kam, um Bello die schwere Krankheit fortzunehmen und ihn wieder gesund zu machen, da musste er ihn fest angreifen. Nur so konnte er die Krankheit fortnehmen. Kleine Hundebuben können das jedoch nicht verstehen. Auch Bello konnte damals nicht wissen, dass es ein guter Doktorhund war, der helfen wollte und ihn deshalb so fest angreifen musste. Er spürte nur den Großen, der ihn packte und festhielt. Natürlich bekam Bello eine große Angst. Das Festhalten tat ihm weh und er jaulte ganz laut.*

3 - *Vielleicht glaubte er sogar: »Jetzt ist es vorbei mit mir.« Wirklich schlimm war das.*

4 - *Das kann leider, leider kleinen Hundebuben passieren.*

5 - *Der Doktorhund machte seine Arbeit gut. Er konnte die schwere Krankheit wirklich wegnehmen. Bello wurde bald wieder richtig gesund. Doch später, wenn Bello einen Hund sah, der ihn an diesen Doktorhund erinnerte, da spürte er wieder den großen Schrecken von damals. Er bekam Angst. Diese Angst wollte ihn beschützen, damit ihn nie wieder ein Doktorhund angreifen konnte. Doch die Angst konnte nicht unterscheiden, ob ein böser Hund Bello angreifen wollte, um ihm weh zu tun, oder ob es ein guter Hund war, der ihm helfen wollte. Das war ziemlich schwierig für Bello. Doch Bello, der kleine Hundebub, wurde mit der Zeit ganz von selbst ein mittelgroßer Hundebub. Er wurde jeden Tag ein bisschen stärker. Und so wurde er ganz von selbst stärker als die alte Angst. Als er groß und stark genug war, konnte Bello gut erkennen, was gute Hundehelfer waren. Jetzt konnte er sogar wieder erlauben, dass Doktorhunde kamen und ihm beim Gesundwerden halfen. Er war groß und stark genug geworden.*

6 - *Jetzt konnte er denken: »Alles ist gut ausgegangen. Ich selbst kann gut auf mich aufpassen. Und wenn nicht, passt meine Hundefamilie gut auf. Ich bin in Sicherheit.«*

7 - *So wurde mit der Zeit alles wieder richtig, richtig gut. Die Hundefamilie lebte glücklich und zufrieden und Bello erlebte noch viele Abenteuer im Hundewunderland.*

Ziele und hilfreiche Aspekte

Diese nun im Detail vorgestellte Form von Geschichten kann Kinder (und auch Erwachsene) unterstützen, vergangene Erlebnisse so gut abzuschließen, dass diese die Gegenwart oder Zukunft nicht mehr belasten. Eine passende Geschichte kann auf eine seelische Wunde wie Salbe oder Pflaster bei körperlichen Verletzungen wirken: Sie unterstützt die Heilung.

Dabei helfen laut psychologischen Erkenntnissen der Traumabehandlung (s. Kap. 4.1) die Versprachlichung, das Einordnen und Zusammenfügen der Puzzleteile des Geschehenen und eine wohldosierte Konfrontation: Das Geschehene als Geschichte zu hören kann und soll durchaus noch einmal das Erlebte ein wenig aufrühren, doch ohne emotional überflutet zu werden. Wenige Sätze später kommt das gute Ende. Die Erzählsituation selbst gewährleistet Sicherheit und Wohlbefinden. Das Erzählen und Ordnen des Inhalts entlang des 7-teiligen Leitfadens hilft also sehr oft beim Abschließen und bei einer neuen, selbstwertförderlichen Bewertung der Vergangenheit.

Mögliche Anlässe und Inhalte

Kinder erleben oder beobachten leider Beunruhigendes, Schwieriges, Konflikt- oder Schmerzhaftes. Erwachsene sind zwar oft da, um sie zu schützen, doch es kann trotzdem leider passieren, dass ihnen das eine oder andere widerfährt.

Es können außerordentliche, lebensverändernde Ereignisse sein wie Umweltkatastrophen, Todesfälle (Menschen, Haustiere), Verluste (Umzug, Schulwechsel), Scheidung, Krankheit, vielleicht gekoppelt mit Todesangst. Oder ein Kind war Gewalt oder Missbrauch ausgesetzt. Solche schlimmen, traurigen Dinge wurden selbst erlebt oder sind in der Umgebung des Kindes passiert. In beiden Fällen wird das Geschehene vielleicht noch einige Zeit seine Gedanken, Gefühle und Verhaltensweisen beeinflussen und so die Gegenwart direkt oder indirekt belasten.

In anderen Fällen waren es - aus Erwachsenenperspektive - eher kleine Schwierigkeiten, einzelne Schreckmomente, angstvolle Ereignisse oder peinliche Erlebnisse, die im Kinderalltag leider passieren: ausgelacht werden, der Streit mit dem Freund, das grausige Zeitungsbild oder ein verstörender Beitrag in den TV-Nachrichten. Dabei entscheidet es sich letztendlich im betroffenen Kind, was eine Belastung oder Beunruhigung darstellt, wie lange etwas nachklingt und wie schwer es wiegt. In einer anderen Altersstufe (oder vielleicht nur an einem anderen Tag) wäre ein Erlebnis möglicherweise leichter zu verkraften gewesen. Doch genau zu diesem Zeitpunkt oder unter den gegebenen Umständen verstörte und verletzte es.

Als Reaktion entwickeln Kinder manchmal Ängste oder reagieren mit Schuldgefühlen, sie verändern ihr Verhalten oder können sich nicht mehr so gut wie früher konzentrieren. Die damalige Erfahrung wird verallgemeinert, eine negative, belastende Welt-

oder Selbstüberzeugung kann die Folge sein: »Ich bin schuld. Die Welt ist gefährlich. Nie darf man vertrauen.« Das beeinflusst im Extremfall jede zukünftige Wahrnehmung der Welt, die Lernerfahrungen, den Selbstwert.

Selbstverständlich gibt es wesentliche Unterschiede zwischen »leichtem Schreck« und »schwerem Trauma« mit vielen Abstufungen. Dazu mehr im Kapitel »Traumapsychologie« im Kap. 4.1.

Im Alltag ist es grundsätzlich wichtig, dass Kinder mit ihren Bezugspersonen über alles sprechen dürfen. Doch oft können sie das nicht, es fehlen die Worte, vielleicht gibt es andere Gründe (s. Kap. 5). Erwachsene wissen manchmal nicht, wie sie darüber reden sollen. Oder sie sind sich nicht sicher, ob etwas für ein Kind tatsächlich so erschreckend war, wie sie glauben. Genau dann können heilsame Geschichten besonders gut und sinnvoll zum Einsatz kommen.

Aufbau und Gestaltung

Viele der alten Märchen und neuen Fernseh- oder Kinogeschichten beinhalten den ganz klassischen Aufbau einer guten Geschichte:

»Es war einmal ein Mensch, dem ging es zuerst gut. Dann kam die Belastung, es passierte also etwas Schreckliches oder Schwieriges. Der Mensch reagierte darauf, er handelte bestmöglich und löste das Problem allein oder mit Hilfe von anderen. Oder er lernte, damit umzugehen, machte einen Entwicklungsschritt. Zum Schluss fand alles ein gutes Ende.«

Diese grundlegende Struktur wird hier um einige wesentliche Elemente erweitert. Das Konzept stammt ursprünglich von J. Lovett und von R. Greenwald (s. Lit.liste). Beides basiert auf den Erkenntnissen aus dem EMDR (F. Shapiro), nutzt neue Behandlungstechniken und systemisches Wissen.

Der Leitfaden: in 7 Schritten zur fertigen heilsamen Geschichte

1 - Einstieg und Anfang: *Einleitungssatz > gute und sichere Ausgangslage*
2 - Belastung: *belastendes Geschehen in Kurzform, ev. schlimmster Moment, Gefühl, Wahrnehmung*
3 - Gedanke/Selbstüberzeugung-negativ: *belastende, schädliche, typischerweise verallgemeinernde Schlussfolgerung über sich (»Ich bin/kann...«) oder über die Welt (»Die Welt ist...«, »Alle Menschen sind...«).*
4 - Wendepunkt: *»Das kann leider einer/m... (Hauptfigur) passieren.«*
5 - Lösung: *Lösungsweg (trotz Hindernissen bzw. zunächst vollkommen verständlicher Schwierigkeiten), gutes Gefühl, aktiver Beitrag der Hauptfigur*
6 - Gedanke/Selbstüberzeugung-positiv: *guter, nützlicher, wahrer Glaubenssatz*

über sich oder die Welt (»Ich bin/kann...«, »Manche Menschen sind... und ich kann lernen, sie zu erkennen.)
7 - Abschluss, Ausstieg: *gute und sichere Stimmung verstärken > Schlusssatz*

In diesem 7-teiligen Konzept steht am Anfang als Einstieg (1=) die Schilderung einer positiven Situation. **In jedem Fall** braucht es diesen sicheren Anker, den Moment, wo alles noch gut war. Danach kommt (2 =) die Belastung oder Schwierigkeit. Die Dinge werden direkt oder indirekt beim Namen genannt, doch nur gerade so ausführlich und detailreich beschrieben, dass es nicht allzu ungemütlich wird.

Dieser Teil leitet über zum (3 =) negativen Gedanken, der Schlussfolgerung bzw. Lernerfahrung, die das betroffene Kind vielleicht daraus mitgenommen hat. Es ist eine belastende Selbst- oder Weltüberzeugung. Nun folgt (4 =) der »Wendepunkt-Satz«, er schließt diesen Teil ab.

Jetzt beginnt (5 =) die Lösung bzw. der Weg dazu, eventuell mit der Überwindung von Rückschlägen und Symptomen. Doch am Ende gibt es eine positive Entwicklung. Die alten, negativen Gedanken sollen sich verändern können. Es folgen passende (6 =) positive Gedanken in Form von nützlichen, stärkenden Selbst- oder Weltüberzeugung.

Am Schluss (7 =) ist ein guter Zustand wieder hergestellt. IMMER. Damit hat das belastende Erlebnis den eindeutigen Anfang und das klare Ende. Es ist jetzt vorbei.

Geschichten können dieses grundlegende System natürlich im Umfang variieren oder Teil 2, 3 oder 4 teilweise überspringen. Meistens richte ich mich persönlich jedoch sehr genau danach, denn so entfaltet sich am besten die Wirkung.

Dazu nun Beispielgeschichten. Erklärende Kommentare in Klammern.

GESCHICHTE: In 7 Schritten zur fertigen Geschichte, wenn in einer Wohnung eingebrochen wurde und das Kind (ca 3 Jahre alt) wenige Monate danach Angst vorm Schlafen entwickelt. Die Eltern vermuten einen Zusammenhang, sind sich aber nicht sicher.

1 - (Einstieg und guter Anfang:) »Es war einmal vor 1000 Jahren ein lieber Prinz. Er lebte in einem wunderbaren Land in einem zauberhaften Schloss im Märchenland. Alles war gut dort, Spielzeug, gutes Essen und liebe Leute.

2 - (Belastung:) Doch eines Tages im Sommer, als niemand im Schloss war, kam ein Dieb und nahm ein paar Schätze mit. Das war schlimm. Alles war durcheinander geworfen. König und Königin liefen hektisch hin und her. Der Prinz war ängstlich und aufgeregt.

3 - (Gedanke-negativ:) Deshalb musste er vielleicht denken: ›Es kann wieder geschehen. Ich bin nicht mehr sicher.‹

4 - (Wendepunkt:) So etwas kann leider einem Prinzen passieren, sogar einem besonders lieben, sogar im Märchenland.

5 - (Lösung trotz Hindernissen:) Bald war alles wieder in Ordnung. Das zauberhafte

Schloss hatte nun ein neues, ganz besonders festes Tor. Der Prinz hatte natürlich noch eine Zeit lang ein ungutes Gefühl im Bauch. Sein Herz klopfte stark und er wurde wieder so aufgeregt wie damals. Das war die alte Angst. Er wollte daher nicht schlafen, sondern immer selber auf das Schloss aufpassen. So ein lieber, mutiger Bursche war er. Doch ein bisschen später konnte er sehen, dass das neue, feste Tor ein wirklich starker Aufpasser war. Richtig gut und stark. Außerdem war klar, dass es noch immer genug Schätze im Schloss gab. Es war alles da, was wichtig war. Tore, Königinnen und Könige sind da zum Beschützen. Immer besser konnte er spüren, dass alles wieder in Ordnung war.

6 - *(Gedanke-positiv:) Und deshalb dachte er immer öfter: ›Es ist vorbei. Ich bin in Sicherheit. Ich muss nicht selber aufpassen. Das Tor, der König und die Königin passen auf.‹*

7 - *(Abschluss und Ausstieg:) Jetzt wurde alles wieder richtig gut im Schloss, mit all dem Spielzeug und gutem Essen und den lieben Leuten. Und die Maus lief in ihr Schlossmaushaus und die Geschichte ist jetzt aus.«*

Sind sich die Eltern sicher, dass die Schlaf-Angst von dem damaligen Geschehen herrührt, weil das ihr Sohn ganz direkt sagt, kann durchaus das **Kind als Hauptfigur bleiben.** Der Aufbau folgt jedoch trotzdem den oben genannten Schritten:

1 - *»Es war einmal im vorigen Sommer, da hatten wir eine gute Zeit. Wir waren in dieser Wohnung mit all dem guten Essen und Spielzeug. Alles war gut.*

2 - *Einmal, als wir alle weg waren, da kam ein Dieb und nahm ein paar Sachen mit. Das war schlimm. Wir waren alle ganz aufgeregt und liefen hektisch hin und her.*

3 - *Vielleicht musstest du damals denken… u.s.w.«*

GESCHICHTE für ein Kleinkind nach einem Gewalterlebnis. Das Geschehene soll im Kindergarten einige Wochen danach noch einmal indirekt angesprochen werden, um Möglichkeiten der Gegenwehr zu thematisieren.

1 - *»Es war einmal im Wunderland ein kleines, lebendiges Steinchen. Das rollte und hüpfte herum und war glücklich und neugierig und zufrieden. Lustig war es für das Steinchen, mit sich allein oder mit anderen zu spielen. So eine gute Zeit.*

2 - *Doch an einem ganz normalen Tag passierte etwas Schreckliches: Plötzlich warf sich ein großer Stein auf den kleinen. Der Große drückte das Kleine auf den Boden, denn er war viel schwerer. Das kleine Steinchen hatte riesengroße Angst. Es konnte nichts tun, es wusste nicht, ob es jemals wieder frei kommen konnte. Es bekam gar keine Luft und konnte deswegen nicht schreien. Der große Stein tat ihm schrecklich weh. Schrecklich war das, heiß und kalt, nur das Knirschen vom großen Stein zu hören.*

3 - *Das kleine Steinchen dachte sich: ›Ich bin hilflos‹, vielleicht sogar ›Es ist aus mit mir‹.*

4 - *Leider, leider kann so etwas kleinen Steinchen ganz ohne Grund passieren. Leider, leider.*

5 - *Dieses Steinchen machte in dieser schlimmen Situation etwas sehr Richtiges: Es blieb*

still liegen und rührte sich nicht (oder man beschreibt die tatsächliche Reaktion). Das war sehr, sehr klug. Denn aus irgendeinem Grund rollte der große Stein wieder fort. Wieder tat das kleine Steinchen etwas sehr Kluges. Es blieb noch eine Weile liegen und wartete, bis es wieder Kraft und Atem hatte, um wegzurollen. Es hätte noch andere kluge Sachen machen können, doch das war auch etwas sehr Kluges. Was hätte das Steinchen denn noch anderes Kluges tun können?... (Sammeln von Verhaltensalternativen: um Hilfe zu rufen etc.). Ein bisschen später rollte das kleine Steinchen wieder weiter. Bald war alles wieder gut. Es rollte und hüpfte herum. Natürlich war es eine Zeit lang sehr, sehr vorsichtig bei großen Steinen. Deswegen schaute es die Großen genau an und versuchte zu lernen, welche die guten Steine und welche die gefährlichen Steine waren. Das war wieder etwas sehr Kluges.

6 - *Ganz genau schaute es und deshalb konnte es bald wieder denken: ›Es ist vorbei. Ich kann lernen, Gefahr zu erkennen. Ich kann auf verschiedene Arten reagieren. Ich kann…‹ (Wiederholung der gefundenen Verhaltensalternativen).*

7 - *Damit machte es wieder etwas Kluges: Denn dadurch wurde es jeden Tag ein bisschen mehr stark und frei. Stark zum Wegrollen vor den unguten Steinen, frei mit den guten gemeinsam zu spielen und zu springen. Und so rollte und hüpfte und spielte es wieder herum und war glücklich und zufrieden im Steinewunderland.«*

Inhaltliche Vorbereitung

Um eine solche Geschichte auf möglichst vielen Ebenen passend zu gestalten, ist es günstig (wenn auch nicht unbedingt notwendig), vorher einige Informationen zu haben. Vielleicht wissen Sie (ungefähr), was damals passiert ist und das Kind hat bereits erzählt oder angedeutet, welche negativen Gedanken es seither belasten. Wenn nicht, können Sie das Ihnen anvertraute Kind gut beobachten und ihm zuhören, welche Themen es im Spiel zum Ausdruck bringt. Manchmal ist es sinnvoll, folgende Fragen behutsam zu stellen:

Ereignisfragen: »Was ist denn damals passiert? Wann warst du vorher noch ganz in Sicherheit? Was war der schlimmste Moment? Wann war alles wieder vorbei?«

Die Klarheit solcher Fragen, die dem Erlebnis eindeutig einen Anfang und ein Ende zuordnen, wird oft entlastend empfunden. Falls ein Kind darauf allerdings überaus beunruhigt, peinlich berührt, ängstlich reagiert oder zornig sagt, dass es darüber nicht reden will, dann sollten Sie nicht weiter ins Detail gehen bzw. nicht mehr weiterfragen! Das Geschehene ist vermutlich gar nicht (gut) abgeschlossen. Eine Geschichte darüber ist also extrem wichtig. Es bietet eine Möglichkeit, einem Kind »durch die Blume« etwas mitzuteilen und es zu unterstützen. Dabei sollten Sie zu Beginn wenig Identifikation und Nähe anbieten. Tipps dazu folgen.

Gedankenfragen: »Wenn du innerlich zum schlimmsten Moment dieser Erinnerung hinschaust, welche Gedanken gehen dir durch den Kopf?«

Man hört auf diese Fragen manchmal die Schlussfolgerungen, die aus einem belastenden Ereignis gezogen wurden. Sie können nützlich und wahr sein, oder extrem schädlich. Vielleicht sind sie sogar ganz falsch und können das weitere Leben und den Selbstwert ernsthaft beeinträchtigen. Im Downloadbereich des Webshops der Autorin finden Sie kostenfrei eine Liste von krankmachenden und guten Gedanken über sich selbst (= Selbstüberzeugungen).

Sollte aufgrund der Antworten und Reaktionen des Kindes deutlich werden, dass es wirklich gut über sich denkt und es das Geschehene emotional sicher abgeschlossen hat, können Sie noch eine wichtige Frage stellen:

Lösungsfragen: »Wie ist das gelungen? Wie hast du es geschafft? Was sagt denn das Gutes über dich aus?«

Damit haben Sie das Material für Schritt 5 und 6 der Geschichte. Fühlt sich die betroffene Person bereits gut, hat sie das Geschehene also sicher hinter sich gelassen, dann braucht sie keine heilsame Geschichte mehr. Sie können sofort eine Erfolgsgeschichte daraus machen (s. Kap. 2.2). Das Ereignis wird dadurch noch stärker als Erfolgserlebnis im Gedächtnis verankert und kann so den Selbstwert oder das Vertrauen in die Welt stärken.

Falls Sie keine Antwort auf diese Lösungsfragen bekommen, ist es trotzdem gut, sie gestellt zu haben: Wie bereits erwähnt landen gute Fragen im Gehirn und starten dort einen Suchprozess. Vielleicht helfen Sie damit dem Gegenüber, irgendwann selbst die Antwort und somit das Gute im Schlechten zu finden.

Wenn solche Fragen nicht passen oder möglich sind, können Sie eigenständig viele, wilde Spekulationen über mögliche Antworten anstellen – und dazu ebenso viele, wilde Geschichten erzählen. Je mehr Unterschiedliches Sie anbieten, umso größer die Wahrscheinlichkeit, dass etwas Passendes dabei ist. Sollten Sie jedoch vollkommen falsch liegen, haben Sie »nur« viele Geschichten erzählt und gute Zeiten mit dem Kind verbracht.

BEISPIEL für ein Kind nach einem Krankenhausaufenthalt:
Eine 4-jährige Anna erzählt auf die Ereignisfragen (während sie Fotos von damals anschaut oder die kranke Puppe verarztet), dass sie ganz lange allein mit Schmerzen im großen Bett gelegen ist. Sie wissen, es kann objektiv betrachtet nicht stimmen, weil immer eine Bezugsperson bei ihr war. In diesem Moment kommt es jedoch nur auf das Empfinden von Anna an: Vielleicht ist es so in ihrer Erinnerung, doch es kann auch eine Befürchtung sein, das Mitgefühl mit einem allein gelassenen Kind im Nachbarbett, ein schlimmer Traum oder sonst etwas, das ihr zu schaffen macht.

Auf die (in diesem Alter noch sehr) komplizierten Gedanken- und Lösungsfragen antwortet die kleine Anna gar nicht. Wenig später fällt ihr jedoch unvermittelt die Szene eines Zeichentrickfilmes ein, wo jemand bestraft wurde. Sie können daraus vorsichtig schließen, dass sie damit jetzt doch Ihre Frage beantwortet hat.

Oder Sie fragen am Tag danach: »Du Anna, stell dir vor, ich habe folgende Geschichte gehört. Da war einmal ein krankes Kind. Das hat gedacht, es war böse. Was denkst du? Wie kann das passieren?« Vielleicht kommt noch eine genauere Erklärung dazu: Anna war irgendwann »schlimm« und erlebte die Krankheit als die Strafe dafür? Oder sie denkt, wenn ein Kind allein gelassen wird, muss es wohl vorher böse gewesen sein?

Kindliche Logik ist nicht Erwachsenenlogik und belastende Erlebnisse können die Vernunft ausknipsen (s. Kap. 4.1). Deshalb die Antworten immer **dankend annehmen** (»Danke, dass du mir das erzählst. Das war ja ziemlich schlimm für dich.«). Vielleicht behutsam dagegen argumentieren (»X war dort und hat neben deinem Bett geschlafen.«) Niemals schroff dagegen reden (»Das war doch gar nicht so arg.«), oder gar empört oder gekränkt reagieren (»Ich habe dich doch nie alleingelassen! Wie kannst du nur so was behaupten!!«).

Kluge Kinder (und Erwachsene) müssen sonst denken: »Ich habe etwas Falsches gesagt. Besser, ich spreche nicht mehr über meine Gefühle.« Es geht schließlich jetzt nicht um Sie und Ihre Befindlichkeiten. Treten Sie zurück und helfen Sie dem Kind, das Vergangene gut abzuschließen.

Also Antworten nie negativ bewerten, auch wenn sie völlig abwegig erscheinen. Sie können vorsichtig den Ablauf sachlich richtigstellen (nur falls Sie wirklich Bescheid wissen). Doch oft richten logische Argumente gegen eine Flut an Emotionen und (alten) Bildern nichts aus. Manche Erinnerungen und die daraus gewonnenen Selbstüberzeugungen sitzen dort, wo der Verstand nur schwer hinkommt. Genau deshalb bietet sich dafür als Unterstützung die Form einer Geschichte an. Sie finden diese auf der nächsten Seite.

Durch die Fragen haben Sie nun vielleicht Informationen über die belastenden Bilder, Gefühle und Gedanken dazu. Nun können Sie eine Hauptfigur wählen und mit genau diesen Bausteinen die Geschichte bis zum Wendepunkt (Schritt 4) schreiben. Danach kommt die Lösung mit den passenden, positiven Gedanken und Botschaften (siehe unten). Diese positive Entwicklung können bzw. sollten Sie erfinden, falls sich noch keine abzeichnet: »… es war schlimm. Doch jeden Tag, ganz von selber, wurde dieser Prinz größer und stärker. Und irgendwann konnte er damit beginnen zu vertrauen…« Es wirkt wie eine optimistische Vorhersage und bringt vielleicht neue Ideen (mehr dazu in Kap. 3).

Falls Sie bei den Fragen den Eindruck gewinnen, dass ein Kind gelangweilt oder belastet ist oder aus anderen Gründen nichts dazu sagen will, forschen Sie nicht weiter. Nichts erzwingen und nicht drängen! Wer etwas nicht erzählt oder nicht erinnert, hat gute Gründe oder solche psychischen Schutzreflexe sind notwendig. Vielleicht irren Sie sich, es gibt kein belastendes Erlebnis und natürlich dann auch nichts Schlimmes zu erzählen. Geschichten zum Thema können Sie trotzdem anbieten.

Und noch einmal, weil es so wichtig ist: Die Geschichte kann und soll nie versuchen, vollkommen wahr zu sein und ganz genau zu passen. Lassen Sie Spielräume und großzügige Distanzierungsmöglichkeiten. Schließlich ist es nur eine Geschichte über eine Biene, der etwas Ähnliches wie Anna passiert ist.

Hier das Ergebnis (als eine von vielen Möglichkeiten):

GESCHICHTE zum Krankenhausaufenthalt der 4-jährigen Anna, entwickelt auf Basis der oben beschriebenen Vorarbeit.

1 - *Es war einmal ein kleines, liebes Bienchen im Märchenland. Es wohnte auf einer Blumenwiese und flog leicht und lustig von Blume zu Blume. Dort war es wunderbar, alles grün, warm und schön.*

2 - *Doch eines Tages kam ein starker Regen und der hat das Bienchen dort im Märchenland krank gemacht, ganz schwach und zittrig, heiß und kalt. Die anderen Bienen waren besorgt und brachten sie ins Märchenlandbienenkrankenhaus. Puh, so ein langes Wort: Märchenlandbienenkrankenhaus. Das Bienchen war noch eine Weile sehr krank, heiß und kalt war ihm, ganz schwache und schwere Gefühle hatte es. Vielleicht fürchtete es sich oder fühlte sich ganz allein.*

3 - *Hätte es so wie wir Menschen denken können, es hätte vielleicht furchtbar schwere Gedanken gehabt: »Sicher bin ich krank, weil ich schlimm war und vom süßen Honig genascht habe.« Oder vielleicht: »Sicher werde ich immer krank bleiben. Ich habe Angst, die anderen haben auch Angst.« Oder vielleicht…… Hmm, Anna, was denkst du, was hat das Bienchen vielleicht noch Schweres denken müssen?…*

4 - *Das war eine schlimme Zeit. Leider, leider kann so etwas kleinen Bienen passieren, sogar den ganz lieben, sogar im Märchenland.*

5 - *Doch die Krankheit ging bald wieder vorbei und die guten Gefühle kehrten zurück. Eine Weile blieb noch ein bisschen Angst, besonders wenn es regnete. Mit so schweren Gedanken kann man nicht leicht fliegen. Doch das Bienchen wurde größer und stärker. Es konnte bald erkennen, dass die alten, schweren Gedanken nicht Recht gehabt hatten. Richtig ist, dass Krankheiten kommen und gehen. Schon damals, als kleines Bienchen, hatte diese Biene ganz viel Kraft und gute Hilfe gehabt. Und deshalb war die Krankheit gut vorbei gegangen.*

6 - *Jetzt konnte das Bienchen wieder denken: »Ich bin ganz ok, auch wenn ich nicht immer gaaaanz brav bin. Krank wird man einfach manchmal. Und dann wird man wieder gesund. Ich bin jetzt stark. Und falls ich mal schwach bin, kann ich Hilfe finden.«*

7 - *Jetzt war alles wieder gut und das kleine Bienchen konnte lustig und leicht weiter fliegen und hatte noch viele tolle Tage, dort auf der Blumenwiese im Märchenland.*

Eine weitere Geschichte und ihre Hintergründe (Anlass: ein Kind ist im Einkaufszentrum verloren gegangen) finden sie im nächsten großen Kapitel: »Das Schreiben: Schritt für Schritt«.

Besonderheiten beim Erzählen

Unbedingt notwendig für das Vorlesen ist eine Zeit und eine Umgebung, wo sich ein Kind mit Recht **gut und sicher** fühlen kann.

Heilsame Geschichte sollen **niemals vor dem Einschlafen** erzählt werden. Denn immerhin geht es um beunruhigende Themen, die nicht den Stoff für schwere Träume liefern sollen. Solche Geschichten gehören in den Tag hinein, wo sich ein Kind geborgen und stark erlebt und die Wahl hat, sich danach mit Spielen oder Gesprächen zu beschäftigen. Angenehme Erfolgs- und Lösungsgeschichten können hingegen hervorragend als Gute-Nacht-Geschichten dienen.

Einen **guten Zeitpunkt** zu wählen ist wichtig. Falls ein Kind noch mitten in der belastenden Situation steckt (wenn zum Beispiel die oben genannte Anna noch im Krankenhaus liegt), dann ist nicht die richtige Zeit für eine heilsame Geschichte. Besser passen hier offene, kindgerechte Gespräche oder vielleicht kleine Erfolgs- und Lösungsgeschichten, wie sie in den späteren Kapiteln beschrieben werden: Wann war sie früher schon einmal krank und ist aus eigener Kraft gesund geworden? Wie funktioniert das Gesundwerden im Körper? Auf welches Ereignis freut sich das Kind?

Bewegung muss möglich sein, in solchen Situationen sollte man nie ein Stillsitzen einfordern. Treffende heilsame Geschichten sind im Mittelteil ein Stück weit belastend. Schließlich sollen sie für kurze Zeit die noch unverarbeiteten, alten Empfindungen und Gedanken aktivieren, um dann in ein neues, gutes Gefühl zu führen. Bei so viel »innerlichem Herumwandern« tut den meisten Kindern auch »äußerliche Bewegung« gut. Sie sollen beim Zuhören tun dürfen, was immer sie brauchen, um sich geborgen zu fühlen: herum zappeln, malen, dazwischen etwas fragen, sich ablenken, verstecken oder ausruhen. Höflichkeit und gutes Benehmen (ruhig sitzen, genau zuhören, brav antworten… oder was sonst noch darunter verstanden wird) zu verlangen, wäre bei dieser Art von Geschichten völlig verkehrt. Das soll, wenn notwendig, bei anderen Gelegenheiten trainiert werden. Denn in diesem Moment darf es nur um **Hilfe zur Selbstheilung** gehen und in keiner Sekunde um »Erziehung«. Sie als ErzählerIn können kurz in die Bewegung mitgehen und dann zur Geschichte zurückkommen und ruhig weiter erzählen, vielleicht die belastenden Teile abkürzen. Antworten auf weitere Detailfragen finden Sie in Kap. 5.

Sprache und maximale Länge der Geschichten

Der Umfang soll so gut wie möglich dem Kind angepasst sein, damit der Inhalt möglichst gut verstanden wird. Bemerkt man während des Vorlesens, dass eine Geschichte zu simpel oder kompliziert ist, dann sind spontan Veränderungen möglich.

Falls Sie ein bestimmtes Kind oder eine Altersgruppe bereits kennen, werden Sie intuitiv erfassen, wie einfach beziehungsweise komplex **Worte und Sätze** für genau dieses Alter sein sollen. Kurz und einfach ist wichtig. Die maximale **Aufmerksamkeits-spanne** variiert individuell und je nach Alter: ein Volksschulkind wird ev. nicht viel länger als 10 Minuten konzentriert zuhören können. Jüngere genießen vielleicht Ihre Stimme und die Vorlese-Situation, können jedoch dem Inhalt nicht immer folgen, wenn es kein Bilderbuch dazu gibt. Stofftiere beim Vorlesen einzusetzen und manches »nachzuspielen« kann hier helfen.

»Was denkst du darüber?« Vergessen Sie nicht, dass Kinder oft nicht von sich aus nachfragen, wenn sie etwas nicht verstehen. Sie sind von der Spannung in der Geschichte fasziniert. Und in unserer komplexen Welt sind sie gewohnt, Wörter und Handlungsabläufe nicht zu verstehen und Unklarheiten einfach hinzunehmen (so wie die meisten von uns akzeptieren, nicht genau zu verstehen, wie ein Computer im Detail funktioniert). Bei wesentlichen Passagen sollten Sie daher Ihren Erzählfluss unterbrechen und nachfragen.

Je **interaktiver** die Gestaltung und je **angenehmer** das Thema, umso längere Aufmerksamkeit ist möglich.

Eine Besonderheit bilden die **Geschichten für Babys oder Kleinstkinder.** Sie werden natürlich kurz und einfach gehalten - und trotzdem können sie niemals ganz verstanden werden. Doch das macht nichts. Vertrauen Sie darauf, dass einzelne, gute Botschaften, dass Ihre Stimme und die Geschichte als Ganzes ankommen und Gutes bewirken.

Nähe, Interesse, Beteiligung und Identifikation fördern

Bevor ich Ihnen Möglichkeiten vorstelle, die emotionale Beteiligung zu erhöhen, ein Hinweis speziell für heilsame Geschichten über Belastungen in der Vergangenheit: Es ist wichtig, dass **zu Beginn** ein gutes Gefühl vermittelt wird. Im Mittelteil wird es vielleicht spannend, belastend oder traurig, doch ab Schritt 5 entstehen wieder angenehme Emotionen. **Das Ende** soll wieder von einem entspannten, zufriedenen Gefühl getragen sein.

Dieser **sichere Rahmen** ist eine wichtige Voraussetzung, damit sie hilfreich sein kann. Sie halten ihn, indem Sie auf die **Balance** zwischen Stilelementen, die **Nähe** erzeugen und jenen, die **Distanzierung** ermöglichen, achten.

Außerdem darf eine Geschichte **nichts »einreden«** wollen. Jeder Unterschied zur echten Welt eröffnet Freiräume, lässt alternative Sichtweisen und emotionale Distanzierung zu. Ihre persönliche Ansicht von den Wahrnehmungen, den Gefühlen oder Gedanken eines anderen Menschen bei einem bestimmten Ereignis kann sich nie vollkommen mit der Wahrheit decken. Daher soll man niemals (in keinem Gespräch und auch in keiner Geschichte) so tun, als wüsste man besser als der/die Betroffene, was in ihm/ihr vorgeht.

Hier nun Tipps für mehr Nähe, im nächsten Kapitel geht es um die Distanzierung.

Einladungen zum Mitmachen und ein Mitspracherecht bei der Gestaltung fördern das Gefühl von Nähe. Wer mitreden kann, fühlt sich auch emotional »angesprochen«, wird engagierter mitfühlen und mitgehen. Sie können einem/r kleinen oder großen Zuhörer/in den Namen, das Alter, das Aussehen der Figuren bestimmen lassen. Die Landschaft und ob es dort Frühling oder Sommer sein soll, wird gemeinsam entschieden. Als Beispiel möge das nächstfolgende Beispiel dienen: Die Fragen an den/die ZuhörerIn werden natürlich in einer veränderten Tonlage mit darauffolgender Pause… gestellt, damit sie klar als Einladung zum Mitreden verstanden werden. Mehr dazu im kostenfreien Download zum interaktiven Geschichtenerzählen im Webshop der Autorin.

Ähnlichkeiten fördern Neugier, Interesse und gefühlsmäßige Beteiligung. Dazu trägt bei, wenn Dinge, Umweltbedingungen und Personen beschrieben werden, mit denen sich das Kind identifizieren kann oder die seinen Interessen oder Vorlieben entsprechen. Solche Parallelen zwischen Ihrem Text und der Realität des Kindes braucht es für ein emotionales Mitschwingen. Jede gut passende Geschichte enthält so etwas wie einen kleinen Spiegel, in dem wir als lesende oder zuhörende Menschen einen Teil von uns selbst erkennen. Dann bedeutet sie uns etwas, spricht uns an, packt uns, nimmt uns mit. Wir fühlen uns der Hauptfigur nahe.

Je **detailreicher die Schilderung**, umso intensivere Gefühle können aktiviert werden. Bei heilsamen Geschichten, die in der Regel ein unangenehmes Erlebnis beschreiben, werden im Anfangsteil unangenehme Empfindungen hochkommen. Das soll wie gesagt auch so sein, doch zu viel davon wäre nicht hilfreich, denn Überflutung mit Erinnerungen soll vermieden werden (Infos im Kap. 4.1.). Suchen Sie beständig die Balance zwischen Identifikation und Distanz.

Verschiedene Sinneskanäle anzusprechen, macht eine Situation lebendig. Bei Geschichten über vergangene Schwierigkeiten oder Belastungen ist es grundsätzlich nützlich und einer der heilsamen Effekte, darin einzelne Sinneseindrücke zu beschreiben: Was sieht, hört, riecht, schmeckt die Hauptfigur, was fühlt sie auf der Haut oder spürt sie im Magen? Und – wichtig! – geben Sie Gefühlen die dazugehörigen Namen (psychologischer Background dazu in Kap. 4).

ABER falls Ihre Erzählung genau zu den tatsächlich damals vom Kind erlebten Eindrücken passt, dann werden damit die damaligen, in der Regel sehr unangenehmen Gefühle »aufgeweckt« und bewusst gemacht. Obwohl das ein hilfreicher Aspekt ist, kann es ziemlich unter die Haut gehen. Das Kind will vielleicht gar nicht mehr zuhören, falls es zu stark unangenehm wird. Das soll nicht passieren.

DAHER vorsichtig damit beginnen. Zuerst vielleicht nur das Sehen oder das Hören beschreiben, die anderen Sinne zu einem späteren Vorlese-Zeitpunkt dazu nehmen. Falls das Kind trotzdem aufhören will, bitten sie es darum, noch einige, wenige Sätze sagen zu dürfen: Die Schritte 2 und 3 des Leitfadens werden radikal gekürzt und geleiten sofort zum Wendepunkt-Satz und zur Lösung. Dazu reichen 30 Sekunden:

»Das war schlimm (2+3). Leider, leider kann so etwas passieren (4). Dann aber war es vorbei und... (5, 6 und 7).«

Die guten, angenehmen Abschnitte werden wenn möglich wieder ausgebaut. Hier belebt und vertieft die **genaue Beschreibung von angenehmen Sinneseindrücken** nun das gute Gefühl, das hier entstehen soll: Wie toll sich die Erleichterung angefühlt hat, wie sehr man sehen konnte, dass ganz viel Lieb-haben da war, wie gut die Blumenwiese gerochen hat...

Ein/e ZuhörerIn würde wohl kaum aufgewühlt reagieren, wenn ein Erlebnis auf allen Ebenen bereits »Schnee von gestern« wäre. Doch dann bräuchte es eigentlich auch keine heilsame Geschichte mehr. Sie sind also auf der richtigen Spur.

Durch gezielte Wahl der Hauptfigur können Sie bei sehr belastenden Inhalten die Intensität deutlich variieren, indem Sie dieselbe Geschichte zuerst einmal mit einer »entfernten« Hauptperson erzählen und sie dann einige Tage später »näher« spielen lassen: Die erste Version des inhaltlich gleichen Textes handelt dann von einem Steinchen, die nächste von einem Tierkind im Urwald und die dritte Version von einem Kind in einem benachbarten Land. Immer gilt: Je mehr Ähnlichkeiten, umso stärker die Einladung zur Identifikation und umso »mitreißender« ihr Inhalt.

BEISPIEL zur Frage, wie Sie eine schwierige Geburt ansprechen können, falls es die Vermutung gibt, sie hätte etwas mit aktuellen Problemen oder Träumen des Kindes zu tun.

Die nun folgenden **Versionen 0 bis 4** beschreiben dieselbe Tatsache: Version 0 ist so formuliert, dass man annehmen könnte, sie würde die Wahrheit festschreiben. Das ist wie eine Grenzüberschreitung, bitte nicht so formulieren, denn niemand kann das alles so genau wissen!!

Version 1 kann dem Baby oder Kleinkind erzählt werden. Version 3 bietet bereits viel Abstand, weil dort das Geschehene »verfremdet« wird. Sobald Sie, so wie bei 3, eine so unterschiedliche Hauptfigur und Umwelt wählen, dann können Sie Konjunktive und andere Distanzierungselemente (s. nächster Abschnitt) weglassen. Denn nun erzählen Sie ja ohnehin »nur eine Geschichte über einen Dinosaurier in einer Höhle«.

Die Ausgangssituation: Die Geburt eines Kindes war schwierig, endete in einem Notkaiserschnitt und war für alle Beteiligten ängstigend. Nächtliches Aufschrecken des Kindes wird damit in Verbindung gebracht.

Version 0 *(NICHT so erzählen):* »*Während du im Bauch der Mutter warst, ist es dir gut gegangen. Bei der Geburt hast du dir gedacht... Du hast dich mit Sicherheit sehr schlecht gefühlt, weil...«* (Niemand kann das so genau wissen!)
Version 1: *»Ich glaube, dass es dir ziemlich gut gegangen ist, als du noch im Bauch warst. Es könnte sein, dass du bei der Geburt gute und schlechte Gefühle hattest. Vielleicht warst*

du froh, rauszukommen, vielleicht hattest du Angst, weil es schwierig war.... Dann hat dich eine Frau Doktor auf diese Welt gehoben. Alle hatten noch eine Weile Angst...«

Version 2: »Es war einmal ein Katzenkind vor 1.000 Jahren. Das wurde so geboren wie du und ich. Im Bauch der Katzenmama drinnen war vielleicht alles gut und warm, richtig angenehm. Als es richtig groß war, kam es auf die Welt. Doch das war schwierig, denn...«

Version 3: *»Es war einmal ein Dino im Dinosaurierland. Er wohnte in einer Höhle und wurde dort größer und größer. Es war eine schöne Zeit dort. Doch irgendwann war er so groß, dass er aus der Höhle hinaus musste. Das war echt hart am Anfang, denn...«*

Version 4: *»Es war einmal im Linienland ein Kreis, der lebte in einem Dreieck. Alles war gut. »Hier bin ich in Sicherheit«, konnte er denken und war zufrieden. Doch irgendwie, ohne dass er es selbst so richtig wollte, wurde er größer. Bald hatte er keinen Platz mehr. Doch er konnte nicht raus, rechts und links und rundherum waren Linien. Da bekam er Angst, denn er wollte sich selbst und das Dreieck nicht kaputt machen. Leider kann das passieren. Doch dann kam jemand und hatte eine Idee: Er hob den Kreis aus dem Dreieck hinaus. Oben war offen und alle waren wieder in Sicherheit. So ein Glück! Und so lebten alle glücklich und zufrieden weiter. Vielleicht ist später aus dem Kreis eine Kugel geworden. Doch das, ja das ist eine andere Geschichte.«*

Das nützliche **Kontinuum** für solche »Hauptfiguren« beginnt bei der ganz direkten, unveränderten Zusammenfassung der bekannten Fakten nach dem beschriebenen 7-teiligen Leitfaden, direkt für das namentlich genannte Kind: »Du warst einmal...« (siehe Version 1). Konjunktive und ähnliche sprachliche Elemente bieten dabei die notwendige Distanzierungsmöglichkeit. Es endet bei der Verwendung von abstrakten Symbolen als Hauptfigur: »Es war einmal ein Kreis in einem Dreieck...«
Einige Beispiele für solche Hauptfiguren – mit sinkender emotionaler Nähe:

- »Du warst einmal 5 Jahre alt. Da hast du mit mir auf dem Heimweg...« das betroffene Kind ist die Hauptfigur (vor allem bei Erfolgsgeschichten sehr gut möglich)
- » Es war einmal ein Kind...« in ähnlicher Situation (Schulkind, gleiche Familienkonstellation, Lieblingsspeise, Haarfarbe u.ä.)
- »Es war einmal ein Mensch...« in ähnlicher Situation
- »Es war einmal eine Prinzessin...« in einer fremden Situation, einem fernen Land oder Zeitalter
- »Es war einmal deine Lieblingsbiene...« ist das Lieblingstier/kind oder Wesen aus TV oder einem Buch
- »Es war einmal ein Auto...« als ein neutrales, aber bekanntes Tier oder Wesen
- »Es war einmal ein Pflanzenkind...«, ein Wolken-, Stein-, Regentropfenkind, Monsterchen«
- »Es war einmal eine Pflanze...« erwachsene Wolken, Steine, Regentropfen oder Monster
- »Es war einmal ein Dreieck...« ein Farbklecks, eine Traurigkeit...

Viele Geschichten werden sinnvollerweise **in der Mitte** angesiedelt: Die Hauptfigur wird vielleicht ein ähnliches Alter wie das Kind haben, für das eine Geschichte gemacht oder gesucht wird. Sie kann in einer ähnlich strukturierten Familie leben, mit gleichen Hobbys, Lieblingsspeisen oder Abneigungen. Gibt es ein bekanntes Lieblingstier oder eine interessante Fantasiefigur, wird man vielleicht darüber erzählen. Wenn im Moment Popstars oder Autos spannend sind, Wolken beobachtet werden oder ein Käfer aufgefallen ist, kann ein Popstar, ein Auto, ein Wolken- oder Käfer(kind) die Hauptperson in der Geschichte sein. BuchheldInnen oder Fernsehcharaktere stellen ebenfalls gute Identifikationsfiguren dar. In weiteren Versionen sind mehr Ähnlichkeiten oder Unterschiede möglich.

Sichere, gute Gefühle vermitteln

Sicherheit und Distanz zu vermitteln ist gleich wichtig wie Nähe und die Möglichkeit zur Identifikation bereitzustellen. Dazwischen balanciert die heilsame Geschichte.

Distanzierende Elemente helfen, dass die erzählte Situation nicht zu belastend wird, also nicht »zu nahe« kommt. Und sie erlauben absolute Selbstbestimmung, die bereits sehr jungen Kindern wichtig ist: Wenn ein Steinchen eine bestimmte Lösung findet, dann steht es dem Kind frei, diesen Lösungsweg auch für sich selbst in Erwägung zu ziehen – oder eben nicht. Die in einer Geschichte beschriebenen Möglichkeiten sind nicht direktiv, es sind keine Ratschläge, sondern behalten den Charakter von Ideen. Bewusst eingebaute **Unterschiede**, fremdartige **Hauptfiguren**, **Konjunktive** und das wichtige Wörtchen »**vielleicht**« helfen ebenfalls dabei.

Mehrere Vorschläge zu machen, ermöglicht bereits kleinen Kindern, alternative Beschreibungen der Innenwelt oder mehrere Lösungsmöglichkeiten zu hören: »Es könnte sein, dass der Baum in dieser Welt, wo alles ganz anders war als bei uns, so... oder so... denken musste.« All das erlaubt dem Kind Spielräume und eine innere Distanzierung bis hin zum Satz: »Das hat gar nichts mit mir zu tun.«, falls Inhalte unpassend oder allzu belastend sind.

Der Einsatz von Umschreibungen (Metapher, Symbole etc) kann ebenfalls Interesse wecken und gleichzeitig Freiräume schaffen. Dass die Geschichte von einem Dino, der aus einer Höhle hinaus will (Variante 3 aus dem vorigen Abschnitt), eine schwierige Geburt beschreibt, wird vom zuhörenden Kind nicht bewusst verstanden werden. Soll es auch nicht unbedingt! Vielleicht begreift es intuitiv, worum es geht, fühlt mit, vermutet beim Dino Schuldgefühle oder Aggression, bewundert seine Kraft beim Überleben... und ist schließlich erleichtert, dass alles ein gutes Ende findet und der Dino als gut, stark und klug beschrieben wird. Vielleicht berührt sie auch nicht. Es ist nur eine Geschichte, jedes Kind darf sich nehmen, darf heraushören, was es braucht. In der Regel ist es weder notwendig noch günstig, die Inhalte zu übersetzen.

Wertschätzung und selbstwertförderliche Botschaften sind unumgänglich, damit Vertrauen und Sicherheit wachsen können. Daher wird diesem Bereich ein eigenes Kapitel 3.1. gewidmet.

Die ausführliche Ausgestaltung von **Teil 1, dem ganz guten Anfang, und 7, wo am Ende alles wieder gut und sicher ist**, bietet eine wichtige Chance, positive Gefühle und damit Sicherheit zu wecken. Basis dafür ist eine gute Beziehung mit dem Kind. Wenn Sie sprachlich das Bild einer angenehmen Ausgangslage malen, mit Details und unter Einbeziehung der Ideen des Kindes, entsteht fast immer eine Atmosphäre aufmerksamer Entspannung. Das trägt und hält. Ein solches Klima wird gebraucht, damit man sich auf die Reise in die Belastung hinein und dann wieder heraus wagen kann.

Ich verwende dabei meist ritualisierte **Einleitungs- und Abschlusssätze**: »Es war einmal und es war einmal nicht...« > »...und so hatte er/sie noch viele tolle Tage.«. **Wiederholungen** rahmen zusätzlich: Die Geschichte startet an einem sonnigen Tag und endet wieder an einem solchen. Der Satz: »...das ist ja das Normalste auf der Welt und zugleich das größte Wunder« kommt zu Beginn und fast wortgleich am Ende vor. All das verstärkt die Botschaft: Die Gefahr, das Problem oder Abenteuer ist sicher wieder vorbei und konnte das Gute nicht dauerhaft zerstören.

Falls Sie einem Kind nicht zumindest am Anfang und am Ende des Erzählens ein gutes und sicheres Gefühl vermitteln können, bleibt selbst die Genialste aller heilsamen Geschichten wirkungslos. Im Zweifelsfall testen Sie es: Bevor Sie einen Text dem Kind, für das er geschrieben ist, vorlesen, lesen Sie ihn sich selbst (am Mobiltelefon aufnehmen und danach anhören) oder einer anderen Person vor. Dabei speziell darauf achten, ob Anfang und Ende eine gute Stimmung erzeugen.

Das Finden dieser Balance zwischen Nähe und Distanz und entsprechender Formulierungen, die es braucht, damit die unterstützende Wirkung voll zum Tragen kommt, ist nicht immer einfach. Zuviel an belastender Emotion soll vermieden werden, denn zu jedem Zeitpunkt braucht das Kind die Sicherheit, bei der Reise in die Vergangenheit und die Innenwelt das Ruder in der Hand zu haben. Wer von unangenehmen Gefühlen und Gedanken überschwemmt wird, verliert natürlich irgendwann die Freude am Zuhören.

Im Zweifelsfall eher distanziert beginnen, mit vielen Unterschieden zur Welt des Kindes und wenigen Details. Vielleicht nur 7 Sätze lang. Möglicherweise erzeugt eine solche Geschichte zuerst ein wenig Langeweile. Macht nichts, die nächste Variante des gleichen Inhalts statten Sie mit mehr Ähnlichkeiten aus. Als Hauptfigur dient dann die Lieblingszeichentrickfigur oder ein sympathisches Tierkind.

Das Schreiben: Schritt für Schritt

Hier nun die Geschichte für eine 6-jährige Maria, die im Einkaufszentrum verloren gegangen ist: Nähe bzw. Identifikation wird über die Ähnlichkeiten in der Situation angeboten und Distanz durch die Unterschiede in der Hauptfigur (männliches Tierkind statt Mädchen). Maria darf sehr viel mitreden, die Fragen an sie werden in einer Form (durch Tonlage, Blick, eine einladende Pause danach) gestellt, dass sie deutlichen Aufforderungscharakter haben. Im Text sind solche Passagen mit Punkten… gekennzeichnet, Marias Antworten stehen in Klammer.

Der Anlass zur Geschichte war die Sorge der Eltern. Sie hatten ihr Kind in einem Einkaufszentrum aus den Augen verloren und erst nach einer kurzen Suche wieder gefunden. Maria reagierte zwar in der Situation selbst relativ ruhig. Doch sie litt danach an Albträumen und wollte mit dem dort gekauften Spielzeug nichts zu tun haben. Die Eltern vermuteten daher, dass sie dieses Erlebnis belastete. Doch Maria wollte nicht darüber reden (warum das manchmal so ist, finden Sie in Kap. 5).

G ESCHICHTE und ihre Entwicklung: »Im Einkaufszentrum verloren - und wieder gefunden«.

1-Anfang: *Es war einmal vor langer oder kurzer Zeit ein kleiner Bärenbursche, der lebte mit seiner Familie und mit vielen anderen Bären in einer großen Bärenstadt mitten in einem hohen Tannenwald. Wie könnte denn dieses Bärenkind heißen, was denkst du…..? (Bärli) Für »Bärli« war es ziemlich lustig, die interessanten Sachen und die vielen Bären zu sehen. Es gab immer etwas Neues zu entdecken und zu spielen in der Bärenstadt, in seiner eigenen Höhle und im Wald rundherum: bunte Steine zum Herumrollen, schöne Bäume zum Klettern, gute Sachen zum Fressen. Sein Lieblingsessen war… (Palatschinken). Es roch so gut im Bärenwald und der Wind rauschte in den Spitzen der himmelhohen Bäume.*

Sie merken, wie viel Aufwand betrieben wird, um gute Gefühle zu erzeugen und einige Ähnlichkeiten zur aktuellen Lebenssituation einzubauen.

2-Belastung: *Eines Tages besuchte die ganze Bärenfamilie mit Bärli eine besonders riesige Bäreneinkaufshöhle. Dort waren viele andere Bären und ihre Kinder unterwegs. Sie kauften für Bärli ein kleines Stöckchen. Bären mögen das gerne, zum Knabbern und Spielen. Da plöööötzlich passierte etwas Schreckliches: Der Bärenbub konnte seine Eltern nicht mehr sehen. Gerade noch waren sie da gewesen und plötzlich: verschwunden. Nur mehr ein Gewurl und Geschurl zu sehen. Ganz verlassen, zwischen all den anderen Bären. Der kleine Bärenbub bekam einen schrecklichen Schreck. Er hielt das Spielstöckchen ganz fest. Wie gelähmt war er zuerst, dann fing er an zu zittern und zu weinen. Er war fürchterlich traurig und verzweifelt, innen drinnen heiß und kalt, vielleicht sogar ein wenig Übelkeit im Magen.*

3-Gedanke neg: *Er dachte sich vielleicht:»Ich bin ganz und gar hilflos. Ich bin verloren. Ich weiß nicht, was ich tun soll!« Er hatte große Angst, dass er seine Mama und seinen Papa niemals wieder sehen würde. So traurig und ängstlich war er, dass er einfach nur dastehen und weinen konnte.*

Damit in Maria noch ein hoffentlich letztes Mal die Erinnerung an die unangenehmen Gefühle von damals hochkommen darf, beginnt der Mittelteil also mit der indirekten **Beschreibung des schlimmen Erlebnisses.** In vielen Fällen ist dies ein Ereignis, das plötzlich und unerwartet eingetreten ist, dann nehmen Sie auch das in die Geschichte hinein. Folgen Sie dabei der tatsächlichen Reihenfolge des Geschehens – falls bekannt oder rekonstruierbar. Beschreiben Sie, wer wann was wo (vermutlich) getan hat, inhaltlich so realistisch wie unter den gegebenen Umständen möglich. Damit erreichen Sie Ordnung auf der logischen Ebene, die Puzzleteile des Erlebnisses fügen sich zusammen. Es muss nicht genau so passiert sein, denn es ist ja »nur eine Geschichte«. Bei widersprüchlicher Wahrnehmung oder Verwirrung lassen Sie das so stehen und sagen dazu: »Der Bär hatte richtig Stress. Und Stress macht Bären und Menschen ganz durcheinander im Kopf. Jeder sieht, hört und merkt sich andere Sachen. Oft weiß danach gar niemand mehr so genau, was wirklich passiert ist«.

Sie können **Details** der Schrecksituation wie Geruch, Geschmack, Licht, etc. beschreiben. Lautmalerische Worte holen Geräusche direkt in den Kopf der ZuhörerInnen (»Peng, Zack, Zing«, »Holterdipolter«, »Zischen und Prasseln«) und lassen dort Bilder entstehen. Anregungen dazu finden Sie in Comics, die mit einem Minimum an Worten auskommen und unter anderem deshalb beliebt sind.

Wenn Sie wissen (oder eine Vermutung dazu haben), was **das schlimmste Bild** bzw. der schlimmste Augenblick war und was Maria **Belastendes über sich denkt**, kann das eingebaut werden. Auf der Webshopseite der Autorin finden Sie kostenfrei eine Liste belastender Gedanken und Selbstüberzeugungen mit den dazu passenden »Gegen-Sätzen« für Schritt 6.

Scheuen Sie sich nicht, diese furchtbaren und daher oft gefürchteten Gedanken an dieser Stelle der Geschichte offen auszusprechen, wenn Sie vermuten, dass sie da sind. Es hilft niemandem, sie zu vermeiden. Die kleine Maria weiß vielleicht noch nicht, was Sterben wirklich bedeutet, doch Sie ahnen, dass sie Todesangst empfunden hat? Oder könnte sie sich in erster Linie verlassen, hilflos oder schuldig gefühlt haben? Benennen Sie solche Gefühle und Gedanken mutig als Möglichkeiten. Es kann Maria unendlich erleichtern, wenn Sie es in Worte fassen und normalisieren. Denn sie hört außerdem, dass es in so einer Situation auch einem Bärenbuben passierte, dass »sein Herz ganz schnell schlug, er einen langen Moment lang keine Luft holen und nicht einmal schreien konnte«. All das verdient die Zusammenfassung: »Da hatte das Bärenkind richtig arge Angst. In diesem Augenblick musste es vielleicht sogar denken: ›Ich bin verloren. Ich muss jetzt sterben. Es ist aus!‹«.

Die Geschichte darf jedoch NIEMALS zu diesem Zeitpunkt aufhören. Das Weitererzählen bis zum guten Ende ist eines der zentralen, heilsamen Elemente: Schließlich kommt bald - bei Schritt 5 und 6 - das gute Gefühl der Sicherheit wieder, gemeinsam mit dem Satz »Ich habe es überlebt, ich kann so schlimme Sachen überstehen«. Und falls Sie sich irren und der belastende Satz passt nicht oder das Gefühl war gar nicht so schlimm: Es ist ja nur eine Geschichte. Fragen dazu beantwortet Kap. 8.

4-Wendepunkt: *Das kann leider kleinen Bärenkindern und ihren Eltern passieren. Leider, leider.*

Als Ende der Beschreibung der Belastung kommt dieser Satz, dessen Formulierung mir besonders wichtig und nützlich erscheint. Er macht klar, dass auch das schlimmste Ereignis etwas »Normales« hat. Maria ist nicht allein damit, es ist Kindern vor ihr ebenfalls passiert. Die Wortwahl soll vor unguten Schuldzuweisungen, Selbstzweifel und unheilvollen, quälenden Fragen wie zum Beispiel: »Warum gerade ich? Warum ist das mir passiert? Was habe ich verbrochen, dass ich das erleiden muss?« schützen.

Zugleich erschwert dieser Wendepunkt-Satz, krankmachende und belastende Schlussfolgerungen (negative Selbst- oder Weltüberzeugungen) aus der Situation zu ziehen. Manche Menschen tragen noch Jahre nach einem Ereignis den Gedanken in sich: »Wenn genau/nur mir so etwas zugestoßen ist, muss ich wohl besonders schlimm, schlecht, dumm, vom Pech verfolgt… sein.«

5-Lösung: *Weil Bärli so dastand und leise weinte, machte er etwas sehr Richtiges. Denn genau das konnte ein freundlicher, großer Bär sehen. Genau damit machte Bärli also etwas Richtiges. Natürlich hätte er noch andere, richtig gute Sachen tun können. Aber das passte auch. Denn der freundliche Bär, der Bärli gesehen hatte, fragte ihn nach seinem Namen. Dann rief er mit seiner tiefen, guten Brüllstimme den Namen von Bärli durch die Höhle: ‚Bäääääärli sucht Maaaama und Paaaapa!!!!‘ Kannst du auch so brüllen, Maria? Lass mal hören….. (Oaaaaa!!) Die Eltern, die natürlich schon auf der Suche waren nach ihrem Bärli, hörten es und kamen gleich angelaufen. Alle freuten sich sehr und drückten einander ganz fest. Vor lauter altem Schreck und neuer Freude mussten sie allesamt sogar ein bisschen weinen.*

Nun beginnt also die Beschreibung **des Lösungs- oder Auswegs.** Jede Geschichte soll selbstverständlich eine positive Entwicklung anbieten, die realistisch, konstruktiv und nachvollziehbar ist. Es gibt immer mehrere Möglichkeiten, die diesen Kriterien entsprechen - wenn man auch manchmal länger danach suchen muss. Falls Sie den tatsächlichen Lösungsweg kennen, beschreiben Sie ihn. Sollten Sie lediglich eine Vermutung haben, bieten Sie zwei oder mehrere realistische Alternativen: »…dann kann es sein, dass er mit traurigem Gesicht umher schaute und jemand anderer konnte das bemerken. Oder vielleicht sagte er laut zu einem freundlichen Bären: ›Hilf mir bitte!‹«

Es ist außerordentlich heilsam, jenen Teil herauszuarbeiten, wo die Hauptfigur **selbst etwas richtig und gut gemacht** und dadurch zur Problemlösung beigetragen hat! Vielleicht entkam die Figur der Belastung, weil sie mutig aktiv wurde. Oder sie »wurde jeden Morgen ein bisschen älter und stärker als am Abend davor, ganz von selbst«. Möglicherweise holt sie sich direkt oder indirekt Hilfe von außen. Sie kann auch »lange geduldig abgewartet« oder »mit großer Tapferkeit die dunklen Tage ausgehalten« haben. Überraschen Sie Ihre ZuhörerIn mit kreativen Lösungsvorschlägen: »Es erschien alles aussichtslos. Doch irgendwoher kam in ihm plötzlich der Gedanke, sich von nun an jeden Tag eine geheimnisvolle, besondere Frage stellen zu müssen. Das tat

er auch. Die Frage war... ›Was habe ich heute gut gemacht?‹ Dadurch konnte er innerlich wachsen und schließlich wurde er so stark, dass eines Morgens etwas Besonderes
passieren konnte…«

Betonen Sie mehrmals: Jeder Körperreflex (sich einrollen, erstarren, schreien, kämpfen, weinen, weglaufen, stehen bleiben...) hat ein biologisch sinnvolles Ziel. Jedes Gefühl ist Zeichen eines normal und gut funktionierenden Körpers. Es ist in Ordnung. In
vielen Beispielgeschichten dieses Buches und in meinem Webshop können Sie wertschätzende Erklärungen solcher Reaktionen finden. Diese werden vom betroffenen
Menschen selbst (und/oder seiner Umgebung) manchmal als dumm oder falsch verur-
teilt. Doch es war damals das Normalste, das man mitten in einer solchen Gefahr oder
Krise tun konnte. Alternativen wurden aufgrund vollkommen verständlicher Ursachen
und Umstände nicht gewählt – bauen Sie solche positiven Bewertungen ein.

Das gilt es besonders dann zu betonen, wenn es objektiv gesehen eventuell tatsächlich nützlicher gewesen wäre, etwas anderes zu tun. Sie können in Schritt 5 das Geschehene erklären und damit normalisieren - und danach die in Zukunft günstigere Alternative als weitere Möglichkeit vorschlagen:

Alternative zu 3 bis 5-Lösung: *Natürlich musste sich der kleine Bär vielleicht denken:*
»Ich bin verloren. Jetzt muss ich sterben!« Leider, leider kann das Bärenkindern passieren.
Weil Bärli also richtig arge Angst kriegte, da gab sein Herz Vollgas. Und weil er dabei gar
keine Luft holen konnte, konnte er keinen Ton herausbringen. So einen klugen Körper hat-
te der kleine Bär! Denn bei so arger Angst will der Körper von dir und mir und jedem Tier
Versteckenspielen. Er macht das vollautomatisch. Und weißt du auch, warum die Natur uns
so gemacht hat?... (Nein) Ich erklär's dir: Falls etwas Gefährliches da ist, soll es uns nicht
sehen oder hören können. Deshalb hält unser Körper ganz still, er bleibt starr und stumm.
So mutig und toll funktionierte also auch dieser kleine Bärenkörper, obwohl Bärli innerlich
zitterte, bebte und am liebsten laut schreien wollte. So gut reagierte sein Körper. Er hätte
auch noch andere, gute Sachen machen können. Was fällt dir denn da ein?...«

6-Gedanke pos.: *Und das Bärenkind wusste nun:»Ich habe es richtig gut gemacht. Heu-*
te bin ich in Sicherheit. Wenn es mir irgendwann wieder passiert, dann weiß ich jetzt, dass
es nicht schlimm bleibt. Ich weiß, was ich noch tun kann.«

Den Abschluss des Mittelteils bildet der positive »Ich….«-Satz (positive Selbstüberzeugung, guter Gedanke), zu dem sich der negative Gedanke (Schritt 3) hin entwickelt.
Diese beiden Aussagen werden bzw. sollen sich in der Regel aufeinander beziehen.

7-Abschluss: *So ging die Geschichte gut aus. Die Bäreneltern mit Bärli und dem Spiel-*
zeugstöckchen trotteten wieder nach Hause. Immer erinnerte ihn das Stöckchen daran:
»Ich habe es richtig gemacht, es ist gut ausgegangen.« Die Familie lebte glücklich und zu-
frieden weiter in ihrer gemütlichen Höhle in der großen Bärenstadt mitten im hohen Tan-

nenwald, mit bunten Steinen zum Herumrollen, mit schönen Bäumen zum Klettern und mit köstlichen Sachen zum Fressen für Bärli. Es roch so gut und der Wind rauschte in den Spitzen der himmelhohen Bäume. So lebte er weiter im Bärenwald und erlebte noch wunderbar viele, wunderbar schöne Tage.

Am Ende des Lösungsteils haben Sie in der Geschichte **einen vielleicht neuartigen, aber wieder guten Zustand** hergestellt. Dieses gute Gefühl sollten Sie sehr lebendig machen und spürbar werden lassen! Beschreiben Sie diese Endszene ausführlich (Geruch, Geräusche, gute Bilder), möglicherweise mit ähnlichen Formulierungen wie am Anfang, Sie können den Lösungsweg nochmals bestärken oder den positiven Satz wiederholen. Es ist wieder gut.

Der allerletzte Satz verdient besondere Beachtung. Denn er soll die gute, hoffnungsvolle und sichere Stimmung weiter verstärken oder zumindest nicht wieder kleiner machen. Ersetzen Sie negative Formulierungen (»… und wenn sie nicht gestorben sind...«) durch positive und hoffnungsvolle (»… und sie hatten noch viele tolle Tage.«).

Hier noch weitere Ideen:
- … lebte - und leben vielleicht noch immer - glücklich und zufrieden!
- … erlebten noch viele gemeinsame Abenteuer/viele glückliche Jahre/viele tolle Tage!
- … hatte weiter eine ganz gute Zeit!
- … lebte gut, bis er sich seine eigene Höhle suchte. Doch das ist eine andere Geschichte.
- … Und die Maus lief in ihr Mausehaus und die Geschichte ist jetzt aus.
- … Eins, zwei und drei und diese Geschichte ist jetzt…(vorbei!)
- … Und jetzt, mein Hase, kriegst du ein Bussi auf die Nase. Ok?

Ein solcher Abschlusssatz markiert außerdem die endgültige »Abfahrt von der Geschichteninsel« und den Wiedereintritt in die Alltagswelt. Sollten Sie irgendwo auf eine Schlussformulierung stoßen, die Ihre/n ZuhörerIn ganz besonders zufrieden macht (Sie werden das am Gesichts- und Körperausdruck erkennen), verwenden Sie diese häufiger. Hängen Sie den neuen Lieblingsabschlusssatz bei anderen Geschichten an. Je jünger ein Kind, umso beliebter sind vorhersehbare Elemente, die irgendwann mitgesprochen werden können.

Heilsame Geschichtenbeispiele

GESCHICHTE für ein Baby: So kurz kann eine heilsame Geschichte sein, wenn sie für ein Kind geschrieben wird, das erst 6 Monate alt ist:

»Als du ein wutzikleines Baby warst, da war am Anfang ziemlich alles gut, glaub ich. Dann wurdest du leider krank. Und zur Krankheit kam dann bei mir und vielleicht auch bei dir noch eine große Angst dazu. Krank zu sein und Angst zu haben, das macht, dass man

sich arg schlecht fühlt, im Bauch und im Kopf und überall.

Leider kann so etwas passieren. Doch du bist jetzt wieder gesund geworden. Du bist stark. Alles ist jetzt warm und weich und sicher. Du bist da und das ist soooo gut. Ich hab dich lieb!«

GESCHICHTE für ein etwa 2jähriges Kleinkind. Sie half mit, die Operation der Speiseröhre gut zu verkraften und das ungute Gefühl beim Essen zu überwinden. Wenn die Geschichte so abgeändert wird, dass **das Ausladen** Probleme bereitet, dann kann sie Kindern dienen, die an Obstipation (Verstopfung) leiden. Die Lösung ist dann keine »MechanikerIn für die Müllschluckvorrichtung«, sondern ein »Müllwagentraining für die Müllausspuckvorrichtung. Das hilft, an den richtigen Stellen locker zu lassen und anzudrücken. Denn Müll wird fester, je länger er drinnen warten muss, daher darf und will er bald hinaus.«

»Es war einmal vor langer, sehr langer Zeit ein junges Müllauto. Das wohnte im Autowunderland, wo nur Autos wohnen, gar keine Menschen. Es lebte in einer Stadt mit vielen anderen Autos und hatte viel Spaß. Kleine Müllautos können natürlich noch keinen Müll holen. Doch sie dürfen immer zusehen, wie die anderen Müllautos den ganzen Müll verschlucken. War der Müll zu groß, wurde er zuerst kleiner gemacht und dann eingeladen. So war das im Autowunderland.

Eines Tages war nun das junge Müllauto groß genug und wollte auch Müll einladen. Aber oh weh, oh weh: Es konnte das nicht. Das Auto konnte den Müll nicht in sich hineinladen. Es hatte ziemlich arge Schmerzen. Vielleicht bekam es dabei gar keine Luft. Sicher ist: Es hatte bald riesige Angst. Zuerst versuchte das Auto immer und immer wieder, den Müll einzuladen. Aber es ging und ging nicht. Und die Angst wurde größer und größer. Also hörte das Auto auf, es zu versuchen. Irgendwann begann es zu denken: ›Ich kann das nicht. Ich muss sterben, wenn ich es versuche. Doch was, wenn ich es nie schaffe?‹ Ganz fürchterlich war das.

Leider, leider kann das kleinen Autos passieren. Sogar im Autowunderland.

Doch dann kam eine alte, gute Müllwagendoktormechanikerin. Sie untersuchte das Müllauto gut. Und sie erkannte, dass die Müllschluckvorrichtung beim Müllauto nicht vollkommen richtig gebaut war. Ein wenig zu eng. Die alte Müllwagendoktormechanikerin reparierte die Müllschluckvorrichtung. Nicht ganz einfach, doch sie hat das gut gemacht.

Nun konnte das junge Müllauto gut den Müll schlucken. Ganz vorsichtig war es am Beginn. Das war ebenfalls richtig und wichtig so. Das Auto wurde mit jedem Tag ein kleines bisschen mutiger und noch mutiger. Das war nun richtig und wichtig so. Ein gutes und starkes Gefühl macht es ihm, den Müll im Müllautobauch zu transportieren. Einladen. Abladen. Gut und stark und warm. Supermüllauto konnte denken: ›Ich schaff das!‹

So lebte das tolle Müllauto glücklich und zufrieden weiter im Autowunderland. Und es hatte noch viele gute Tage.«

GESCHICHTE für eine Jugendliche, die Prinzessinnen gern hat und vor langer Zeit fluchtartig ihre Familie oder ihr Land verlassen musste.

»Es begab sich einmal vor langer, langer Zeit in einem Land, das war so weit entfernt, dass nur die wenigsten wussten, wo genau es zu finden war. Dort lebte eine wunderbare Prinzessin in einem Königreich. Sie wohnte in einer schönen, starken Ritterburg, gemeinsam mit den anderen Königskindern. Sie hatten oft gute und lustige Zeiten. Die Prinzessin hatte so manches Abenteuer zu bestehen.

Das Mädchen war – so wie die Geschwister – von besonders edler Natur. Schon lange bevor sie das selber wussten, war klar, dass sie alle außerordentlich mutige, starke und kluge Erwachsene werden würden.

Doch leider, leider kam eine große Unruhe in das Land und in die Königsfamilie hinein. Wie eine ansteckende Krankheit wirkte sie. Der König und die Königin wurden davon befallen. Manchmal waren die beiden noch lieb und freundlich. Doch oft zogen sie laut streitend weg von der Burg und ließen ihre Kinder traurig und verzweifelt zurück. Tage später kamen die Eltern wieder in die Burg. Doch das war nicht immer eine Freude, manchmal wirkten die Eltern so fremd, verändert und böse, dass man Angst haben musste. Eine wahrlich schwierige Zeit. Und obwohl die Königskinder füreinander sorgten, so waren es doch Kinder, die von Natur aus Erwachsene brauchten.

Es könnte sein, dass sich die Prinzessin denken musste: ›Ich bin schuld, es ist wegen mir‹. Kinder denken das manchmal, obwohl es ganz und gar nicht stimmt. Denn die Erwachsenen haben die Verantwortung, sie können Dinge verändern und Entscheidungen treffen. Die Kinder jedoch, die vermögen all das nicht zu ändern. Es könnte auch sein, dass die Prinzessin denken musste: ›Ich bin schlecht, ich bin wertlos‹, oder vielleicht auch ›Ich bin hilflos, ich kann nichts tun.‹ Ich weiß das nicht genau. Was hat die Prinzessin gedacht, was glaubst du?...

So war das und es war gar nicht gut. Doch leider, leider kann es passieren, sogar in Königsfamilien.

Die Kinder jedoch blieben klug und stark. Die Geschwister retteten einander, so gut sie es eben konnten. Als eines Tages die Königseltern nicht mehr zurückkamen, da zogen die Kinder aus, um ein neues Zuhause zu finden. Und das gelang ihnen auch, sie fanden Aufnahme in einer neuen Ritterburg.

Dort fühlten sie sich sicher. Natürlich fehlten dieser Prinzessin ihre Eltern und manchmal erträumte sie sich Königseltern, die so gut waren, wie es jedes Kind eigentlich verdient. Später konnte sie den alten König treffen und dieser zeigte bei diesen Besuchen wieder seine gute Seite und war auch selbst froh darüber.

So vergingen die Jahre. Immer weniger mussten die Königsgeschwister, die inzwischen zu jungen Erwachsenen geworden waren, füreinander da sein. Immer öfter war die Prinzessin ganz für sich selber da. Sie suchte und erkannte ihre eigenen Freunde, ihre eigenen Spiele und ihre eigenen Kräfte. Und später, etwas später zog sie wie die anderen Prinzessinnen und Prinzen noch einmal in die Welt hinaus, um ihr eigenes Schloss zu finden. Und weil sie alle von besonders edler Natur und ganz außerordentlich mutige, starke und klu-

46

ge Menschen waren, entdeckten viele von ihnen ihr Glück. Und ein ganz besonderes Glück fand die Prinzessin und konnte nun endlich denken: ›Ich bin kostbar und so wertvoll wie jeder andere Mensch. Ich kann etwas tun‹. So lebten und erlebten sie viele tolle Abenteuer und eroberte sich Herzen, Fähigkeiten und Freiheiten. Doch das, ja das ist eine andere Geschichte.«

Fertige heilsame Geschichten suchen und finden

Sie müssen natürlich nicht in jedem Fall eine gut passende Geschichte selbst schreiben. Die Buch- und Filmwelt liefert unzählige Beispiele, die man gut zur Unterstützung der Bewältigung belastender Erlebnisse nutzen kann: In vielen Märchen oder Serien und in fast allen bekannten Kinderbüchern passieren den Hauptfiguren Schicksalsschläge, sie erleben Probleme, Ausgrenzung, Krankheit oder Gewalt. Und sie bewältigen die Schwierigkeiten auf unterschiedlichste Art.

Nach dem Vorlesen können Sie das Kind fragen: »Irgendwie erinnert mich diese Geschichte an das, was dir damals passiert ist. Dich auch?« - und schon können Sie ein Gespräch darüber anbieten. Oder Sie suchen gezielt: Bilderbücher gibt es mittlerweile zu fast allen Themen und Altersstufen. Grundlegende Tipps dazu haben Sie bereits am Ende von Kap. 1 erhalten. Fündig wird man in guten, pädagogischen Buchhandlungen und Verlagen (www.kinderbuchverlag.at, www.oekotopia-verlag.de etc).

Bei der Suche bitte bedenken, dass das Gefundene **keinesfalls** genau passen muss bzw. soll. Es genügt, wenn **ein** wichtiges Element der Belastung, **ein** zutreffender Gedanke über sich selbst oder **ein** Lösungsweg enthalten ist. »Verloren sein und Hilfe finden« ist Thema in unzähligen Märchen. Zu »Lebensgefahr und Rettung«, »Streit« oder »Ausgeschlossen werden und dann doch Freundschaft finden« gibt es Filme und Bücher.

Der Umgang mit Trennungen, mit traurigen oder lebensverändernden Ereignissen ist in vielen alten und neuen Zeichentrickfilmen sogar ein typisches Hauptthema. Manchmal genügt es, zu fragen: »Was denkst du über diesen Kinofilm? Ich kenne das Problem von mir. Du auch?« oder »Ui, das ist ja fast wie im richtigen Leben. Was hättest du jetzt gemacht, wenn du RegisseurIn dieses Films oder SchauspielerIn X wärst?«. Das lenkt die Aufmerksamkeit Ihres Gegenübers auf ein psychologisches Detail und bringt vielleicht einen Denkprozess ins Rollen.

Ein absolutes MUSS für eine heilsame Wirkung ist **das gute Ende.** Vielleicht ist es ein ganz neues Leben nach der schwierigen Zeit, doch es soll wieder ein gutes Leben sein dürfen. Falls das Ende der fertigen Geschichte ungut ist, dann verändern Sie es! Überhaupt sollten Sie manche fertige Vorlesegeschichten mutig gemeinsam mit dem Kind umschreiben, wenn Sie eine bessere Idee haben – oder das Kind ein Detail anders haben möchte.

Bei grundsätzlich spannenden Fernsehgeschichten oder Märchen gibt es sehr oft diskussionswürdige Passagen. Optimieren und diskutieren Sie: »Dass sich das Aschen-puttel gegen die bösen Menschen nicht zur Wehr setzt, das gefällt mir nicht. Was sagst du?... Magst du dir mit mir eine neue Aschenputtelgeschichte ausdenken? Der Anfang bleibt gleich: ›Es war einmal....‹ Aber dann traf das Aschenputtel eine Entscheidung...«

Ich bin sicher, sobald Sie sich durch dieses Buch mit seinen vielen Beispielen gele-sen haben, »sehen« Sie mehr Geschichten-Ideen als jetzt. Anregungen bieten die **Bib-liotherapie** und die **Filmtherapie**. Ich habe jedoch die Erfahrung gemacht, dass man etwas genau Passendes findet, sobald man eine individuelle Lösung für eine ganz be-stimmte Person sucht.

Die Welt ist voll von ausgezeichneten Ideen. Wer suchet, der findet – oder erfindet schließlich eine Geschichte doch lieber selber.

Belastende Themen beschreiben: Trennung, Verlust, Migration, Gewalt, Missbrauch, Fehler

Trennung der Eltern

Scheidung, Konflikt oder Trennung aus anderen Gründen sind Belastungen für Kinder. Das steht außer Zweifel. Doch unter manchen Umständen (Sprach- oder Lieblosigkeit, Gewalt…) leiden sie noch viel mehr, wenn Eltern um jeden Preis zusammenbleiben und es daher keine Trennung gibt.

Sie brauchen in jedem Fall Unterstützung. Denn je jünger ein Kind, umso größer die Gefahr, belastende Schlussfolgerungen über sich selbst oder die Welt daraus zu ziehen. Am häufigsten finden sich Schuld- und Angstgefühle und entsprechende Selbstüber-zeugungen: »Ich bin schuld. Ich war nicht lieb, brav, problemlos… genug. Ich bin nicht liebenswert. Wegen mir haben sich die Eltern getrennt/nicht getrennt.«, vielleicht so-gar: »Es ist aus mit mir.« Kinder haben in der Regel keine echte Wahl, daher stimmt die Schuldzuweisung oder -übernahme nicht. Denn die Erwachsenen tragen die Verant-wortung dafür, wie sie ihre Beziehung liebevoll halten, sie mit den Emotionen in Kon-flikten umgehen oder die Trennung halbwegs gut über die Bühne bringen. Sie sind es, die eine Wahlmöglichkeit haben (Kernstock-Redl, s. Lit.).

Sie können diesen negativen Gedanken als 3. Baustein der Geschichte verwenden, gefolgt von dem Satz: »Leider kann es passieren, so etwas denken zu müssen, obwohl es ganz und gar nicht stimmt.« Im Lösungsteil 5 werden die Dinge richtig gestellt und positive Selbstüberzeugungen (als 6. Element) daraus abgeleitet: »Ich bin nicht schuld. Ich bin ein ganz normales Kind, das tut und braucht, was Kinder tun und brauchen. Ich bin liebenswert. Ich kann nichts dafür und nichts dagegen tun, wenn sich meine Eltern trennen. Mein Leben wird gut weitergehen.«

Die Botschaft eines Elternteils: »Wegen dir bin ich in der schlechten Beziehung geblieben« hat übrigens ebenfalls oft ungute Folgen. Denn viele Kinder glauben dann, die Verantwortung für daraus entstehendes Leid oder die Unzufriedenheit zu haben. Der Schuldstachel sitzt tief, auch wenn sie längst erwachsen sind. Der Verstand erkennt vielleicht, dass dieser Satz nicht gestimmt hat, weil sich zum Beispiel die Eltern auch später nie getrennt haben. Außerdem könnte eine solche Botschaft durchaus als Zeichen von Fürsorge und Geliebt-werden interpretiert werden. Doch Kinder hören in der Regel die Schuldzuweisung und werden sie manchmal lange nicht los.

Achten Sie bei TV- und Buchgeschichten auf dieses Thema. Gibt es dort eine Trennungsgeschichte im Hintergrund, kann man darüber diskutieren oder ein neues Ende erfinden. Oder Sie schreiben einen eigenen Text bzw. wandeln einen ab, den Sie in diesem Buch oder im Webshop der Autorin finden.

GESCHICHTE für jüngere Kinder, wo Streit und Gewalt zur Trennung führten.
»Es war einmal vor langer, langer Zeit ein Märchenland, wo Lokomotiven wohnten. Nur Lokomotiven, gar keine Menschen. Es hieß natürlich Lok-Land. Vieles war so wie bei uns: Die Lokomotiven fuhren und standen, arbeiteten und hatten Spaß, dampften und schliefen, pfiffen leise und ratterten lustig laut. Es gab Lok-Männer und Lok-Frauen und Lok-Kinder in diesem Land. Sie spielten und lachten miteinander. Und manchmal hatten sie auch Streit, so wie wir. Eine Sache war jedoch anders als bei uns Menschen: Die Lokomotiven mussten immer, immer auf Schienen fahren. Nur auf Schienen ging es ihnen gut.

In diesem Märchenland passierte vor langer Zeit die folgende Geschichte: Es gab eine Lok-Familie, Mutter und Vater und Kind. Zuerst war alles gut und alle drei fuhren miteinander auf den gleichen Schienen. Doch dann wurden die Zeiten schlechter. Die zwei großen Lokomotiven hatten nicht mehr genug Platz auf einem Gleis. Es gab Unfälle. Vielleicht wollte jede die Erste sein. Möglicherweise hatten sie ihre Fahrtrichtung nicht gut genug besprochen. Die großen Lokomotiven waren ziemlich unterschiedlich, die eine schnell, die andere langsam, die eine leise, die andere laut. Ich weiß also nicht genau, was der Grund war. Doch sicher ist: Die Unfälle waren schlimm. Vielleicht gab es sogar manchmal kaputte Teile, die dann wieder repariert werden mussten.

Besonders schlimm war es für das Lok-Kind. Denn es hatte keine Wahl, musste zusehen und zuhören und konnte gar nichts tun. Manchmal stand es sogar dazwischen. Es war fürchterlich. Lok-Kinder denken da oft: ›Ich bin schuld‹, oder ›Ich bin schwach‹, obwohl das ganz und gar nicht stimmt.

Leider kann so etwas passieren, sogar im Lok-Märchenland

Doch an einem ganz normalen Tag wurde alles langsam besser. Die zwei großen Loks beschlossen nämlich etwas Kluges: Jede suchte sich ein eigenes Gleis. Jede konnte nun fahren, wie sie wollte. Am Anfang war das Lok-Kind darüber natürlich traurig, doch bald erkannte es, dass nun sein Leben besser und ruhiger war als vorher. Je mehr Abstand zwischen den Mama-Schienen und den Papa-Schienen war, umso weniger Unfälle gab es. Irgendwann würde es deshalb sicher gar keine Zusammenstöße mehr geben. Die kleine Lok war nun schon eine mittelgroße Lok geworden. Sie fuhr die meiste Zeit mit der Lok-Mama *auf den Mama-Schienen. Manchmal fuhr sie mit dem Lok-Papa auf den Papa-Schienen. Die Erwachsenen passten wieder so gut wie möglich auf, damit alles sicher war.*

So wurde es wieder gut im Lok-Land. Die Lokomotiven fuhren und standen, arbeiteten und hatten Spaß, dampften und schliefen, waren leise oder ratterten lustig laut. Das mittelgroße Lok-Kind konnte denken: ›Es ist gut, ich bin gut so‹, pfiff und dampfte vor Begeisterung. Es wurde von Tag zu Tag größer und stärker. Und irgendwann fand es eigene Schienen, ganz für sich allein oder zum Teilen mit anderen, wie es wollte. Doch das, ja das ist eine andere Geschichte.«

Verlust und Trauer

Trauer entsteht, wenn etwas sehr, sehr Wichtiges verloren geht. Kinder sind mit diesem entsetzlich schmerzhaften Gefühl überfordert, wenn niemand da ist, der erklärt, was in ihnen passiert. Wichtig ist es, die Trauer als Ausdruck der Liebe zu ehren, den Tränen Raum zu geben und die Veränderung (den Trauerprozess) vorherzusagen: »Es wird wieder leichter, auch wenn du dir das jetzt noch gar nicht vorstellen kannst.«

Achten Sie bei TV- und Buchgeschichten auf dieses Thema, es kommt erstaunlich oft vor. Viele (ältere) Zeichentrickfilme, Superheldengeschichten und Serien starten mit dem Tod eines Elternteiles. Beobachten und besprechen Sie, wie die Filmfiguren mit der Trauer umgehen und wie sich dieses Gefühl mit der Zeit verändert. Manchmal steckt eine der Hauptfiguren in Schuld, Zorn oder Angst fest (denken Sie an den Clownfisch-Film). Das behindert den Trauerprozess bei sich selbst und vielleicht auch bei nahen Personen. Sprechen Sie darüber. Heilsame Filme – so meine Überzeugung – finden trotz allem ein gutes Ende. Was genau hat wann genau wie genau geholfen? Helfen Sie dem Kind, die Antworten zu entdecken.

GESCHICHTE, die Trauer erklärt. Also eine Trostgeschichte. Durch die Wahl der Hauptfigur oder die Frage ans Kind: »Was könnte das gewesen sein?«, kann sie gut interaktiv weiter ausgestaltet werden.-

Es war einmal ein tolles kleines (Tier-)Kind, ein kostbares Unikat, so wie wir alle es sind. Es hieß... Es lebte meistens glücklich und zufrieden in einer guten Familie mit vielen Spielsachen. Es hatte einen netten Kindergarten mit Freunden und Freundinnen.

Doch eines Tages, vielleicht ganz plötzlich, ging ihm etwas Wichtiges verloren. Etwas wirklich Wichtiges. Etwas, das das (Tier-)Kind sehr lieb gehabt hatte. Was könnte das gewesen sein?... Da wurde es fürchterlich traurig. Es musste oft weinen, es musste oft an das Wichtige denken, das jetzt weg war. Traurigkeit ist wie ein Schmerz, nur ärger, fast wie Bauchweh im Herzen. Sie macht müde, das (Tier-)Kind wollte nicht mehr lachen, vielleicht auch nicht mehr sprechen oder essen. So schlimm war das. Vielleicht musste das kleine (Tier-)Kind denken: »Das geht nie vorbei. Ich werde immer solche Gefühle haben. Immer.« Vielleicht tauchten auch andere Gedanken auf, zum Beispiel: »Bin ich schuld? Bin ich schlecht?«, obwohl das ganz und gar nicht stimmte.

Leider, leider kann das großen und kleinen (Tieren) Menschen passieren, sogar den ganz lieben.

So ein arges Traurig sein zeigt uns immer, dass wir etwas Wichtiges verloren haben. Es tut in der Seele sehr weh, sodass man am Anfang fast glauben könnte, dass man daran sterben muss. Doch das stimmt nicht. Das Gefühl geht mit der Zeit wieder weg, es wird leichter. Dann kommt es wieder. Wie eine Welle geht und kommt und geht es. Dabei wird es weniger mit der Zeit. Das ist normal und gut. So sind (Tiere und auch wir) Menschen gemacht. Dazwischen ist es normal und wichtig, manchmal aufs Traurig sein zu vergessen und Spaß zu haben. Denn es kostet viel Kraft. Die muss man sich zwischendurch unbedingt durch angenehme Sachen herholen, damit man für die nächste Welle neue Energie bekommt. Wie ein Auto, das tanken muss.

So war das auch bei dem (Tier-)Kind. Am Anfang war alles echt schwer. Langsam, ganz langsam wurde die Traurigkeit weniger. Das war in Ordnung. So wie eine Wunde am Knie heilt und die Salbe dabei hilft, wird dieser Schmerz innen drinnen auch wieder heil und die Traurigkeit hilft dabei. Das funktioniert sogar, wenn das Verlorene sehr, sehr, sehr wichtig war und man es sehr, sehr, sehr lieb gehabt hat. So schwere Arbeit macht eben müde, dann hat man keine Kraft zum Reden oder zum Denken. Das ist in Ordnung. Es kann auch wichtig und richtig sein, manchmal zornig zu sein auf das Verlorene. Manche mögen über Schuld nachdenken, denn aus echter Schuld kann man etwas lernen. Für ein Unglück jedoch kann man nichts dafür, denn schlimme Dinge passieren leider. Solche Gefühle kommen auch in Wellen, vielleicht viele Male, gehen wieder vorbei. Es wird besser.

Dieses (Tier-)Kind hat alles richtig gemacht. Es war lieb und geduldig zu sich selbst, hat sich immer wieder Kraft geholt und dann alle Tränen geweint, die es zu weinen gab. Es hat darüber gesprochen und darüber geschwiegen. Irgendwann konnte es immer öfter denken: »Das Leben kann und darf auch wieder schön sein. Wichtiges geht verloren, Neues kommt. Ich kann vertrauen. Ich bin in Ordnung.«

Ein wenig später war das – jetzt schon ein bisschen größere – (Tier-)Kind fertig damit. Es war genau so weit vorbei, wie eben etwas sehr Trauriges vorbei gehen kann. Vielleicht bleibt Wehmut. So sind (Tiere und) Menschen gemacht, dass irgendwann die große Trauer vorbei ist. Sie können und dürfen wieder glücklich sein.

So lebte das (Tier-)Kind ein bisschen älter und klüger und im Herzen noch stärker weiter. Es wurde wieder glücklich und zufrieden mit seiner guten Familie und hatte noch viele tolle Tage. Und die Maus läuft raus und die Geschichte ist jetzt aus.

Umzug und Migration

Jeder Wohnortwechsel bedeutet, dass etwas Altes verloren geht und etwas Neues, noch Unbekanntes erobert werden will. Geschichten sind das ideale Mittel, um beiden Seiten Raum zu geben.

Die Biographien von Vorbildern des Kindes (Fernsehlieblinge, Filmstars, berühmt Vorfahren, MusikerInnen, Sport-Idole...) liefern fertige Geschichten. Wo gab es in deren Lebensläufen Abschied vom Alten und Aufbruch ins Neue? Wie ist die Person damit umgegangen? Was waren Belastungen, Ressourcen und Hilfen?

In vielen Computerspielen geht es um die Entdeckung und Eroberung neuer Länder – eine ideales »Spielfeld«. Vielleicht lässt sich einiges aufs eigene Leben übertragen, sobald man erst die Parallelen erkannt hat. Wie erobert man im echten Leben neue Räume, wie gewinnt man Freundschaften, wo findet man Hilfe, wie kommt man gut alleine zurecht? Spielen Sie es gedanklich mit dem Kind durch.

In den selbst entwickelten Geschichten bieten das 2. und 3. Element den Raum, wo Sie die eventuell unguten Umstände des Umzuges (eine »Nacht und Nebel«-Aktion, das Kind war nicht informiert, musste vieles zurücklassen, hatte Angst ...) beschreiben. Die Trauer über die Trennung vom Gewohnten und Guten wird benannt, vielleicht auch Erleichterung, dass Ungutes oder Gefährliches vorbei war. »Leider, leider kann das passieren.«

Versionen mit jeweils unterschiedlichen Lösungen (ab Schritt 5) zu verfassen oder jedem einzelnen Teilproblem eine eigene Geschichte zu widmen, kann nützlich sein. Verluste können symbolisch verarbeitet werden: Es kann helfen, die Hauptfigur in der Geschichte im Traum zurückreisen zu lassen. Sie kann sich mitnehmen, was immer sie möchte, und es an einen geheimen Ort bringen. Dort ist ihr »Paradies auf Erden« und die Dinge oder Menschen dort können jederzeit besucht werden. Oder sie werden betrauert: »... und das Gefühl kam und ging, wie Wellen eines Sees. Irgendwann wurde es seltener und weniger tief...«

GESCHICHTE über einen unfreiwilligen Umzug in ein neues Land:
Es war einmal ein kleiner Fisch. Er lebte lange Zeit glücklich und zufrieden mit Mamafisch, Papafisch und prächtigen anderen Fischen zusammen in einem tiefblauen Meer. Es gab wunderbar kühles Wasser, voll mit anderen Fischen und mit Meerespflanzen. Manchmal war es ruhig und still. Wenn Stürme tobten, konnte es dort ganz schön wild und laut zugehen. Das macht Fischen aber nicht so viel aus, denn sie haben ihre besondere Fischsprache und können ohne Worte miteinander reden.

Eines Tages begann etwas Schlimmes: Die Stürme hörten nicht mehr auf. Das Wasser war aufgewühlt. Es gab kaum Nahrung. Das wurde den Fischen irgendwann zu viel. Und so beschlossen sie, dass der kleine Fisch gemeinsam mit anderen Fischen in ein anderes Meer schwimmen sollte. In ein hoffentlich gutes Meer, wo freundliche Fische gut für den kleinen Fisch sorgen würden. Der kleine Fisch war traurig darüber und hatte Angst. Er musste viele, schwere Gedanken denken, vielleicht sogar: »Ich verliere alles, was ich kenne. Ich bin verloren.«

Leider, leider kann das manchmal im großen, weiten Meer passieren.

Also schwamm der kleine Fisch in dieses neue Meer. Es war eine beschwerliche Reise. Endlich angekommen war vieles ähnlich wie in der alten Heimat, aber manches ganz an-

ders. Am Anfang bemerkte der Kleine nur die Unterschiede: Das Wasser war ein bisschen wärmer, das Blau ein wenig dunkler, das Futter war nicht so gut und die Pflanzen waren höher und machten Angst. Der kleine Fisch konnte oft nicht verstehen, was los war. Er war ja noch ziemlich klein und außerdem sprachen die Fische im neuen Meer eine andere Fischsprache. Manchmal wurde er tieftraurig, wenn er an die guten Tage im alten Meer dachte. Er hoffte sehr, dass es den Fischen dort gut ging. Er wusste, sie waren froh darüber, dass er in Sicherheit war. Manchmal vermisste er die alte Heimat wirklich stark.

Manchmal aber war er auch froh und dankbar über das schöne, neue Wasser mit dem wundervollen, neuen Spielzeug. Es gab genug Essen und langsam begann es, ihm zu schmecken. Manchmal war es gefährlich, aber meist waren die Fische freundlich. Bald konnte er die gefährlichen Artgenossen schon von weitem erkennen und sich in Sicherheit bringen. Von Tag zu Tag lernte er mehr. Es gab Spiel und Spaß mit den anderen Fischkindern.

Aus dem kleinen Fisch wurde schließlich ein großer kleiner Fisch. Und wenn jemand fragte, sagte er: »Früher habe ich in einem anderen Meer gewohnt. Jetzt wohne ich bei Euch. Denn dieses Meer ist gut für mich. Und ich bin gut für dieses Meer.«

Der große kleine Fisch konnte jeden Tag noch besser spielen und die Sprache dieses Meeres immer besser verstehen und immer besser sprechen. So wurde er immer größer, stärker und prächtiger. Er erlebte in seinem schönen, tiefblauen Meer noch viele, tolle Abenteuer. Doch das, ja das ist eine andere Geschichte.

Seelische oder körperliche Gewalt, Misshandlung

Menschen konnten in Urzeiten, während sich langsam die für uns typischen Gehirnteile entwickelten, nicht überleben ohne die Hilfe anderer Menschen. Wir scheinen auch heute noch auf Sozialkontakt »programmiert« zu sein (Manfred Spitzer, s. Lit., bzw. Empathie-Forschung). Es ist deshalb katastrophal, wenn ein Kind aufgrund von Extremerfahrungen zur Schlussfolgerung kommen muss: »Menschen sind böse und gefährlich«. Das erzeugt eine massive innere Spannung zwischen dem inneren Anteil, der Menschen braucht und jenem, der sie fürchtet.

Relativ häufig findet das kindliche Gehirn ganz unbewusst eine unheilvolle »Lösung« für dieses Dilemma. Es denkt (oder es wird ihm eingeredet): »Die Menschen sind gut. Falls sie gemein oder böse handeln, dann muss es wohl mit mir zu tun haben. Ich bin schuld (wertlos, schlecht, verdiene nichts Gutes…)« Leider ist das eine typische Überlebensstrategie, die sich zu einer ätzenden, selbstwertvernichtenden Überzeugung verfestigen kann.

Mit gefundenen oder selbst geschriebenen Geschichten können Sie solchen Überzeugungen machtvoll entgegenwirken. Es ist vollkommen (psycho-)logisch, nach Katastrophen schlimme Dinge über sich oder die Welt glauben zu müssen. Doch diese sind nicht immer wahr, manche sogar ganz falsch. Es wurde in oder nach der Katastrophe gehört oder gedacht (s. Kap. 4.1) bzw. diente unbewusst als innere Überlebensstrategie, weil die Betroffenen sonst vor Angst und Hilflosigkeit umgekommen wären.

Als Beispiel möge die Geschichte vom kleinen Steinchen aus Kap. 2 dienen. Diese ist so allgemein formuliert, dass sie auch für Kinder nach Missbrauch ein erster Zugang sein kann.

Sexueller Missbrauch, Folter

Durch meine Arbeit mit betroffenen Erwachsenen bin ich überzeugt, dass die entsprechende psychologische Forschung Recht hat: Sexueller Missbrauch und Folter, selbst erlebt oder gesehen, sind die wohl am nachhaltigsten verstörenden Erfahrungen. Es kostet den Betroffenen viel Zeit und Arbeit, um diese seelischen Verletzungen zu heilen und (wieder) zu gutem Selbstwertgefühl und einem angenehmen Körpererleben zu kommen. Niemand muss da alleine durch, es gibt hilfreiche Behandlungstechniken (s. Kap. 4). Ich gehe davon aus, dass jeder Psych-Profi, der betroffene Kinder dabei unterstützt, über eine entsprechende Spezialausbildung verfügt.

Geschichten können hier eine wertvolle Ergänzung bilden. Sie erklären Zusammenhänge, vermitteln gerechtfertigte Hoffnung und bieten nützliche Lösungen und Selbstüberzeugungen an. Es ist ungemein wichtig, mit allgemeinen Beschreibungen, wenigen Details und vielen Distanzierungselementen zu beginnen - so wie die Geschichte vom Steinchen es zeigt.

Irgendwann ist es Zeit, die Dinge beim Namen zu nennen. Dafür bildet die Geschichtenform einen nützlichen Rahmen: Am Anfang war es gut. Dann geschieht das Belastende. »Leider, leider kann das passieren.« Das Ende der Gefahr ist eindeutig markiert: »Es ist vorbei«. Dann kommt die Lösung und am Schluss ist das Leben wieder gut. Die erste der folgenden Beispielgeschichten zeigt eine Möglichkeit, wie das gelingen kann.

Die zweite Geschichte erklärt einer schwerst belasteten Jugendlichen, was solche Erlebnisse anrichten und wie sich Körper und Seele vorm Untergang schützen. Dabei wird der Missbrauch selbst (noch) indirekt benannt und der Lösungsteil ist noch nicht passiert. In diesem Fall wurde dieser Jugendlichen vorab direkt gesagt: »Ich habe mir eine Geschichte über dein Leben ausgedacht. Manches stimmt, anderes nicht. Ich bin neugierig, was du dazu sagst.«

GESCHICHTE über Missbrauch oder Gewalt, direkt formuliert:
»Du warst einmal ein kleines Kind. Alles war gut, wir hatten viel Spaß. Dann plötzlich ist X gekommen. Er/Sie hat…. (beschreiben, was passiert ist) gemacht. Da hast du vielleicht denken müssen: ›Etwas in mir ist für immer verletzt‹ (oder: ›Ich bin in Gefahr.‹ Oder: ›Ich bin schuld‹). Doch X war schuld. Es war ganz falsch und gemein von ihm/ihr.
Leider können so schlimme Dinge passieren. Doch du warst glücklicherweise schon da-

mals ziemlich mutig und richtig stark. Du hast dich gerettet, weil du…. gemacht hast. Die Gefahr war vorbei. Jetzt ist natürlich noch die Angst da. Sie stresst dich. Doch du bist mutig und irgendwann wird die Angst kleiner werden. Du kannst denken: ›Alles ist wieder heil und gesund geworden (… wird es bald wieder werden). Ich bin stark (… Ich werde von Tag zu Tag stärker. Ich kann mich wehren. Ich bin nicht schuld. X ganz allein war schuld.)‹. Und irgendwann werden wir darüber reden können und sagen: Es ist vorbei, jetzt ist wieder alles heil und gut.«

GESCHICHTE »Gestohlen und wieder geholt« nach Missbrauch für Jugendliche: Es war einmal ein wunderbares kleines Baby, das war vielleicht dort, wo alle Wesen sind, bevor es sich entscheidet, dass sie auf diese Welt kommen. Dort war alles wunderbar, sanft und leicht, vielleicht ein Hauch aus Licht und Kraft. Irgendwann war es so weit und es kam in den Bauch einer Mama. Zuerst war es winzig, winzig klein. Dann hatte es seinen eigenen Herzschlag und konnte sich gut und richtig bewegen und wachsen. Alles warm und weich. Vielleicht war da schon eine Ahnung in ihm, dass es außerhalb schwierig war. Doch trotz allem wurde es gut genug genährt und geschützt. Es wuchs weiter und die Natur war auf seiner Seite. So konnte es größer und zu einem wundervollen und starken Baby werden, zu einem Mädchen. Als das Mädchen richtig groß geworden war, wurde es geboren. Das ist ein Wunder und zugleich das Normalste auf der Welt.

Leider, leider kam dieses kostbare kleine Wesen in eine Familie hinein, wo jeder mit sich und den anderen kämpfte. Es war sehr schwierig für die Kleine. Vielleicht erzähle ich zu einem späteren Zeitpunkt, wie schlecht manche Leute in dieser Familie zu diesem normalen und wunderbaren Kind waren. Das Mädchen konnte es nicht verstehen, weil niemand mit einem guten Herzen wirklich verstehen kann, dass manche Menschen so falsche und böse Dinge tun.

Sicher war – doch das konnte das Mädchen nicht wissen, weil es ihm niemand sagte – sicher war, es konnte nichts dafür. Es war nicht schuld. Das Mädchen versuchte zu überleben, indem es möglichst tüchtig war, all die merkwürdigen Regeln befolgen wollte und genau alle Menschen beobachtete, um sich vor Gefahren zu schützen. Weil sich die Regeln ständig änderten, konnte es ihr nie gelingen. So war es und das war schlecht. Da musste das Kind glauben: »Ich bin wertlos. Ich bin ohnmächtig. Die Welt ist schlecht und kein guter Ort für mich.« Nur wenige Menschen und einzelne Glücksmomente waren es, die dem Mädchen zeigten, dass die Welt ein angenehmer Ort sein konnte.

Doch bevor alles besser wurde, wurde es noch schlimmer. Denn ein böser Räuber kam in das Leben des Mädchens. Böse und gierig – aber leider, leider ein guter Schauspieler. Er spielte sich als Freund und Wohltäter auf. Niemand konnte sein böses Spiel durchschauen. Irgendwann begann er zu organisieren, mit dem Mädchen allein zu sein. Vielleicht versprach er ihm das Blaue vom Himmel, vielleicht machte er Angst oder beschenkte es. Leider kennen solche bösen Menschen viele Tricks, um Kinder zu täuschen und zu belügen.

Dieser Räuber begann auf diese Weise, dem Mädchen Stück für Stück die Kindheit zu stehlen. Er nahm dem Kind das Gefühl weg, ein guter und richtiger Mensch in einem guten und richtigen Körper zu sein. Um das zu erreichen, sagte und machte er böse Dinge, bedrohte es, behandelte es wertlos und schlecht. Leider kannte das Mädchen das schon von früher und musste daher glaubten, auch wertlos und schlecht zu sein. Vielleicht sprach er manchmal von Liebe oder brachte Geschenke, doch auch das waren nur Tricks. Den guten Momenten konnte man nicht trauen. Und immer, immer gab er die Schuld an allem dem Mädchen und nahm ihm jede Hoffnung. Das Mädchen musste diese Lügen glauben. Niemals kam irgendwer und stoppte den Räuber. Das Mädchen konnte nicht entkommen. Es war entsetzlich.

Doch dieses starke Kind überlebte. Damit das Mädchen das Schreckliche aushalten konnte, wirkte in seinem klugen Kopf und im Körper ein mächtiger Schutzzauber der Natur: Dieser zerteilte die furchtbaren, grausigen Gefühle und die Erinnerung daran in mehrere Teile, damit das Kind nicht alles auf einmal aushalten musste. Die Puzzleteile der Erinnerung wurden in Kopf und Körper verteilt. Dann brachte dieser Schutzzauber das gute Herz des Mädchens in Sicherheit, in einen hintersten Winkel, wo es niemand finden und zerstören konnte. Gleich daneben versteckte er den Schlüssel zu seiner Seele.

So konnte der Räuber Herz und Seele nicht stehlen und nicht beschädigen. Ein Teil der Erinnerung und des Gefühls war bewusst, andere Anteile blieben irgendwo im Inneren versteckt. Das Gefühl für den Körper war manchmal ganz weg, dann tat ihr nichts mehr weh, aber das KInd spürte auch nichts Gutes mehr. Das Mädchen brauchte viel Zeit, um sich das Gefühl für den Körper wieder zurück zu holen.

Leider, leider halfen die anderen Erwachsenen nicht. Vielleicht waren sie blind und taub, konnten oder wollten nichts sehen und nichts hören. Vielleicht waren sie bis zum Hals in eigenen Problemen gefangen und hatten keinen Blick für die Not des Mädchens. Daher kam der Räuber oft und oft wieder. Das Mädchen glaubte irgendwann über sich: »Ich bin wertlos. Ich bin ohnmächtig. Die Welt ist kein guter Ort für mich. Ich mag mich nicht.«

Leider, leider kann das passieren, sogar den wundervollsten und besten Kindern.

Irgendwann verschwand der Räuber und lies das Mädchen in Frieden. Weil er niemals, niemals sein gutes Herz und seine Seele hatte stehlen können, konnte das Mädchen zu einer guten, starken Frau heranwachsen. Eine Frau mit einem besonders freundlichen Herzen und klarem Blick für die Not von Kindern. Sie konnte gut sehen, was andere Menschen brauchten. Sie erkannte, wer gut war und wer gierig, umgab sich mit freundlichen Menschen, traf viele richtige Entscheidungen. Sie war mutig, eroberte fremde Städte, fand sichere Orte. Sie wurde geliebt. So war das.

Ihr Kopf suchte Nacht für Nacht die Erinnerungen, die ihr fehlten. Sie selbst sorgte Tag für Tag für die Sicherheit, die sie früher so selten erlebt hatte. Manchmal war das sehr schwer. Manchmal weckte etwas in der Gegenwart ein vergessenes Puzzleteil der Vergangenheit in ihr auf. Dann verlor sie das Gefühl für sich selbst, für ihren Körper und für die Gegenwart. Es kostete immer unglaublich viel Kraft, sich das alles wieder zurückzuholen. Doch all das, all das gelang ihr mit der Zeit öfter und besser. Sie verstand. Sie kämpfte gegen die alten Ängste und wurde immer noch mutiger. Sie fand neue Menschen und Mög-

lichkeiten, sie missachtete bewusst die alten Verbote und brach die alten Regeln. Sie lernte jeden Tag ein wenig besser, Hilfe zu holen, sich dort zu wehren, wo es Möglichkeiten gab und wegzulaufen, wo es keine gab. Sie machte viele gute und manche weniger gute Erfahrungen, doch jede einzelne zeigte ihr: »Die alte Zeit ist vorbei. Ich bin gut und stark. Ich kann mich wehren. Ich habe die Wahl. Ich kann mit der Vergangenheit abschließen, jeden Tag ein bisschen mehr. Ich kann meinen Körper genießen lernen, er trägt mich durchs Leben.« Und irgendwann in einer nicht allzu fernen Zukunft würde sie wissen: »Ich bin es wert, wirklich geliebt zu werden und mich zu lieben.«

Das Leben der Frau wurde schließlich gut. Sie hatte sich alles Wichtige zurückgeholt oder neu aufgebaut. Die Erinnerungen machten traurig, doch erschreckten sie nicht mehr. Die Vergangenheit hatte nun keine Macht mehr über die Gegenwart. Ihr Leben war warm und gemütlich oder lustig und aufregend. Sie umgab sich mit freundlichen Menschen, fand den Beruf, den sie liebte. Es war wie ein Wunder und zugleich war es das Normalste auf der Welt. So lebte sie weiter und hat noch viele tolle Tage. Und die Maus geht ins Haus und die Geschichte ist jetzt aus.

Fehler, Schuld

Das Loswerden von Schuldgefühlen ist ein wesentlicher Schritt in der Verarbeitung belastender Erlebnisse. Später werden auch Opfergefühle ein Thema. Es gibt mindestens 12 Strategien, wie das gelingen kann. In Geschichten können sie diese anbieten und wählen lassen, ob Wiedergutmachung, Verzeihen, Verzichten, Rache… helfen kann, das Alte abzuschließen (Kernstock-Redl, s. Lit.).

Schuldgefühle sind bei Kindern fast immer ein großes Thema. Denn unser Gehirn macht in den ersten Jahren durchaus dramatische Entwicklungssprünge (mehr Details dazu im Forschungsbereich Entwicklungspsychologie.)

Kleine Kinder denken deshalb – anders als Erwachsene – magisch und egozentrisch. Das bedeutet, sie glauben: »Wenn ich etwas denke oder es mir wünsche und es dann wirklich passiert, bin ich schuld. Denn ich habe es gedacht oder gewünscht.« Außerdem werden Informationen aus der Umwelt nicht kritisch durchleuchtet: Erwachsene Gedanken wie zum Beispiel: »Was er/sie sagt, ist nicht logisch. Es stimmt nicht mit meinen früheren Erfahrungen überein. Daher glaube ich es nicht.« sind Kleinkindern natürlich fremd. Sie sind grundsätzlich bereit zu glauben, was man ihnen sagt.

Egozentrisches Denken bedeutet weiters, dass sie die Welt und sich selbst noch nicht durch die Augen anderer betrachten können. Das wird zum Beispiel beim Versteckspiel deutlich: Die Zweijährige oder der Dreijährige wird sich mit Vergnügen wiederholt am gleichen Ort verstecken, weil folgende Schlussfolgerung nicht möglich ist: »Meine Mami kennt dieses Versteck schon. Ich muss mir ein anderes suchen.« In früher Kindheit können sie daher Lüge, Betrug oder Strategien anderer nicht durchschauen. Sie merken nicht, dass der/die andere etwas nur sagt oder tut, um sie zu manipulieren, sondern haben höchstens ein ungutes Gefühl, das sie nicht einordnen können.

All diese (und noch viele weitere) Eigenheiten des kindlichen Denkens bewirken, dass Kinder extrem starke Schuldgefühle entwickeln können. Mir scheint: Je jünger ein Kind beim belastenden Ereignis ist, umso extremer und unlogischer kann die dazu gehörige Selbstüberzeugung »Ich bin schuld.« werden. Es begleitet und quält manche Menschen ein halbes Leben lang, obwohl der Verstand später durchaus weiß: »Ich konnte nichts dafür. Ich war ein Kind.«

In Form von Geschichten lässt sich das Thema behutsam aufgreifen und indirekt ansprechen. Erzählen oder suchen Sie eine Geschichte über ein (Tier-)Kind, das sich schuldig fühlt, obwohl es ganz und gar nicht stimmt. Ein bekannter Kinofilm darüber, der zusätzlich einige Täterstrategien verdeutlicht, ist jener vom kleinen Löwen, der glaubt, den Tod des königlichen Vaters verschuldet zu haben. Er verdrängt zuerst sein Gefühl. Dann wird er damit konfrontiert und bittet um Verzeihung. Am Ende erkennt er, dass ihm die Schuld nur eingeredet wurde. Denn kein Kind muss sich schuldig fühlen, wenn es neugierig und vertrauensvoll einem bösen Löwenonkel glaubt.

Selbstüberzeugungen, die beim Thema Schuld angestrebt werden könnten, finden Sie kostenfrei als Download im Webshop der Autorin (s. auch: Was tun gegen Schuld- und Opfergefühle. Working-Paper. Kernstock-Redl 2017).

GESCHICHTE: Hier eine Beispielgeschichte, die ganz direkt – also mit dem Kind X selbst als Hauptfigur und realem Kontext – entwickelt wurde. Das Problem entstand, weil dieses Kind nach einem Badeunfall der Schwester als aggressiver Beschützer auftrat.

Es könnte gut sein, liebe/r X dass du in 20 Jahren in dein Tagebuch folgende Geschichte schreiben wirst: »Ich war einmal vor langer Zeit ein viel jüngeres Kind als heute. Ich lebte meistens glücklich und zufrieden mit meinen Eltern und mit meiner jüngeren Schwester.

Eines Tages passierte ein schrecklicher Unfall. Ganz plötzlich. Ich dachte, ich war schuld. Leider machen Kinder – und auch Erwachsene – manchmal kleine oder große Fehler. Oder sie haben kleines oder großes Pech, wo sie nichts dafür können. Manche Fehler und manches Pech bemerkt man nicht mal, oder sie sind nicht wichtig. Aus anderen Fehlern werden kleine oder große Unfälle.

Ich habe damals an einem schönen Sommertag vielleicht einen Fehler gemacht und nicht aufgepasst. Oder meine Schwester hat einen Fehler gemacht oder die Erwachsenen haben den Fehler gemacht. Jedenfalls ist sie plötzlich ins Wasser gefallen. Vielleicht hätten Mama oder Papa etwas tun können, um das zu verhindern. Oder vielleicht war es nur Pech, eine Verkettung unglücklicher Umstände. Ich weiß es nicht. Ich weiß nur, dass ich mich furchtbar erschreckt habe. Ich habe gedacht: ›Sie muss sterben und ich bin schuld‹. Ich hatte Todesangst um sie, denn ich hab sie sehr lieb und ich habe ein wirklich gutes Herz. Deshalb will ich nicht, dass jemandem etwas Schlechtes passiert. Weil ich ein gutes Kind bin, habe ich mich deshalb schuldig fühlen müssen. Es war schrecklich, richtig schrecklich.

Leider, leider kann das Kindern passieren.

Doch dann habe ich sofort etwas sehr Richtiges gemacht. Ich habe keinen Fehler ge-macht, obwohl im Schreck leicht passieren kann, dass man etwas tut, was nicht gut passt. Denn im Schreck kann niemand gut denken, deshalb ist man für das, was man im Schreck macht, nicht verantwortlich. Aber mir ist das nicht passiert. Trotz dieses großen Schrecks habe ich alles gut gemacht. Denn ich habe sofort um Hilfe gerufen und die Mama hat mei-ne Schwester gleich aus dem Wasser geholt. Sie hat gehustet und hat alles vollgespuckt, alles rausgespuckt und alles, alles war wieder gut. Es ist nichts Schlimmes passiert. Es ist alles gut ausgegangen.

Lange Zeit noch habe ich mich an meine Todesangst und an mein Schuldgefühl von da-mals erinnert. Immer, wenn meine Schwester geweint hat, habe ich deshalb denken müs-sen:›Es geht ihr schlecht und ich bin schuld.‹ Das hat mich schwach oder zornig gemacht. Doch ein bisschen später habe ich verstanden:›Kinder und Erwachsene haben Pech oder machen Fehler. So ist das. Ich kann daraus lernen und ich darf mir und ihr und den Erwach-senen verzeihen. So ist das. Gut ist das.‹ Auf diese Weise bin ich jeden Tag ein wenig stärker geworden. Das ungute Gefühl war irgendwann ganz weg. Ich bin größer und älter als da-mals und meine Schwester ist nun größer und älter. Sie kann gut auf sich aufpassen und ich kann gut auf mich aufpassen. Jeden Tag ein bisschen mehr. Ich kann vertrauen, dass andere Menschen uns helfen. Heute weiß ich sicher:›Ich kann mir verzeihen. Ich habe alles richtig gemacht. Ich bin ein guter Mensch und ich habe ein gutes Herz.‹ Und heute haben wir alle ein gutes Leben.« Lieber X, das könntest du vielleicht in dein Tagebuch schreiben. Und jetzt kannst du wieder auf dein eigenes Leben schaun. Was willst du eigentlich mal werden, wie willst du in 20 Jahren leben?

2.2 Erfolgs- und Glücksgeschichten

Sobald einem Kind etwas Gutes passiert ist, es etwas Belastendes überwunden oder eine Herausforderung bestanden hat, ist es das wert, gesehen und beschrieben zu werden. Machen Sie daraus eine Glücks- oder Erfolgsgeschichte! Jedes Ereignis, das ein Gefühl von Lebendigkeit, Stolz, Zufriedenheit auslöst, verdient das Festhalten als Geschichte.

Die gute Erinnerung, der eigene Beitrag dazu oder das Vertrauen in eine Welt, die mitunter Glück einfach verschenkt, wird durch die Hervorhebung und Wiederholung als Geschichte klar im Gedächtnis verankert. So fördern Sie automatisch Selbstbewusst-sein und Selbstwert.

Ziele und hilfreiche Aspekte

Erfolgsgeschichten sollen helfen, **Erfolg und Glück erkennbar zu machen und im Gedächtnis festzuhalten.** Schöne Erinnerungen sind wie Perlen: Eine allein geht im Alltagskram verloren, doch gesammelt bilden sie Perlenketten, Energiequellen und Schätze, an denen man sich auch noch in 50 Jahren mit Glück auftanken kann.

Wollen Sie also, dass ein Kind von sich selbst Gutes denkt und positive Selbstüberzeugungen aufbaut? Wenn es später Sätze über sich glauben soll wie zum Beispiel: »Ich bin kompetent, ich kann schwierige Situationen meistern, ich werde es schon schaffen...«, dann muss es dazu natürlich Erfahrungen und Beweise als **Referenzerlebnisse** im Gedächtnis haben. Die Geschichtenform unterstützt das: Kinder merken sich natürlich jene Erlebnisse besonders gut, die Erwachsene mit ihnen besprechen oder die sie selbst oft und oft erzählen.

Tatsache ist: Die meisten (nicht alle, leider) Menschen haben objektiv gesehen mehr neutrale oder positive Erlebnisse als belastende. Doch die guten Dinge fallen uns nicht so schnell ein und auf. Vielleicht neigen wir grundsätzlich dazu, negativen Ereignissen besonders viel Aufmerksamkeit zu geben. Das ist durchaus logisch, entwicklungsgeschichtlich betrachtet: Es war für das Überleben vermutlich seit den frühen Tagen der Menschheit wichtig, Informationen über Schlechtes und Gefährliches rascher und besser zu speichern als über Angenehmes. Steuern Sie diesem uralten Impuls bewusst entgegen, indem Sie selektiv dem Glück Raum geben.

Mehr zum Thema Selbstwert und den Möglichkeiten, gezielt bestimmte Selbstüberzeugungen oder Fähigkeiten zu stärken, finden Sie im Kap.3.1 (Lösungsgeschichten - Ziel Selbstwert).

Aufbau und Gestaltung

Grundsätzlich gelten für Gestaltung und Vorlesen von Erfolgs- und Glücksgeschichten ähnliche Empfehlungen wie bei den heilsamen Geschichten.

❗Fangen Sie gleich an, sich selbst eine zu schenken: Was war Ihre letzte angenehme Erfahrung? Bringen Sie diese mit Hilfe der nun folgenden Tipps »in Form«, sodass daraus eine gute Geschichte werden kann. Als Übung.

Leitfaden zum Schreiben einer Erfolgsgeschichte

Die Struktur entspricht wieder den bekannten 7 Schritten. Inhaltlich kann man sich prinzipiell am tatsächlichen Geschehen orientieren. Meist beinhaltet ein Erfolgserlebnis zuvor eine Art **Problem, Schwierigkeit oder Prüfung**. Wenn dem nicht so ist, können die Teile 2, 3 bzw. 4 durchaus übersprungen werden.

1 - **Einstieg und Anfang:** *Einleitungssatz > gute und sichere Ausgangslage*
2 - **(Belastung:** *belastendes Geschehen in Kurzform)*
3 - **(Gedanke/Selbstüberzeugung-negativ:** *belastende, schädliche, typischerweise verallgemeinernde Schlussfolgerung über sich (»Ich bin/kann...«) oder über die Welt (»Die Welt ist...«, »Alle Menschen sind...«).*
4 - **(Wendepunkt:** *»Das kann leider einer/m... (Hauptfigur) passieren.«)*
5 - **Lösung:** *Lösungsweg (trotz Hindernissen oder verständlichen Schwierigkeiten), gutes Gefühl, aktiver Beitrag der Hauptfigur*
6 - **Gedanke/Selbstüberzeugung-positiv:** *guter, nützlicher, realistischer Glaubenssatz über sich oder die Welt (»Ich bin/kann...«, »Manche Menschen sind... und ich kann lernen, sie zu erkennen.)*
7 - **Abschluss, Ausstieg:** *gute und sichere Stimmung verstärken > Schlusssatz*

GESCHICHTE für ein ängstliches Kleinstkind zum Festhalten eines winzigen Erfolgs:
1 - *»Wir haben vorhin gespielt. Du hast einen Turm gebaut. Mit diesen Bausteinen. Soooo groß war der Turm. Soooo große Mühe hast du dir gegeben.*
2 - *Aber dann. Dann hat es einen großen Krach gemacht. Ein lautes Geschepper-Gedepper. Ein Schreck. Alles war kaputt. Du hast sogar ein bisschen weinen müssen.*
3 - *(wird übersprungen)*
4 - *Leider kann das passieren.*
5 - *Aber später dann! Da hast du wieder einen Turm gebaut. Trotzdem! Er ist jetzt noch höher, sooooooooo hoch. Mutig! DU hast das geschafft. So eine große Arbeit.*
6 - *Jetzt kannst du vielleicht denken: ›Das habe ich geschafft. Ich kann das schaffen.‹*
7 - *Und schau: Wir machen ein Foto davon. Morgen erzählen wir das Opa und Oma.«*

Schritte 5 und 6 sind die zentralen Elemente für diese Geschichtenform: Wie ist die Lösung gelungen? Was genau ist da passiert?

Bei Schritt 5 kann besonders herausgearbeitet werden, was der spezielle Anteil der Hauptfigur war. Wie hat sie zum Erfolg beigetragen? War sie stark, mutig, klug, vorsichtig, vielleicht geduldig, konnte sie etwas gut aushalten oder sich sehr anstrengen? Oder ist sie besonders liebenswert, konnte Hilfe finden, hat ein gutes Herz, einen Blick für das Schöne, für die Perle am Wegesrand?

Die positive Schlussfolgerung für Schritt 6 finden Sie mittels der exzellenten Frage: **»Was sagt es Gutes über dich/die Hauptfigur aus?«** Genau um diesen positiven Satz geht es in jeder Erfolgsgeschichte in Wahrheit. Er ist der Knackpunkt und soll als guter Gedanke, als Fähigkeit oder stärkende Selbstüberzeugung extra betont und im Gedächtnis verankert werden.

Sie können dieses Element direkt oder interaktiv erfragen bzw. es als Vermutung einbringen: »... und es könnte sein, dass sie in diesem Moment erkannte: Ich bin so was von ok. Ein tolles Mädchen! Ich mag mich.« Es gibt eine Fülle von möglichen positiven

Gedanken und Selbstüberzeugungen für solche Geschichten, eine (unvollständige) Liste dazu kostenfrei im Webshop der Autorin.

Natürlich ist es wichtig, **realistisch und angemessen zu reagieren.** Was als besonderer Erfolg gilt, ist eine sehr subjektive Einschätzung. Schritt 2 und 3 nicht künstlich dramatisieren – was lediglich schwierig oder anstrengend war, soll es auch bleiben dürfen und nicht »entsetzlich« werden. Doch Erfolge auch nicht bagatellisieren, nicht große Leistungen des Kindes zu Kleinigkeiten degradieren oder Momente reinen Glücks übersehen. Besonders in Anfangsphasen von Lern-, Lösungs- oder Veränderungsprozessen darf jede kleinste positive Ausnahme vom Gewohnten gewürdigt werden: Der kleine Teilerfolg, der erste Versuch einer Lösung kann ruhig so bejubelt werden wie das erste Wort oder der wackelige Schritt eines Kleinstkindes (s. Kap. 5.2). Das ist eine Geschichte wert!

Im obigen Turmbau-Beispiel ist das Kind normalerweise übervorsichtig und leicht zu entmutigen. Daher ist es besonders wichtig, bereits ein kleines Zeichen von Mut oder Ausdauer festzuhalten, indem man eine Geschichte darüber erzählt. Wäre es ohnehin wild und mutig, würde es täglich Türme bauen und mit Freude umwerfen, um sie neu zu errichten, dann passt eine solche Geschichte natürlich nicht. Ein solches Kind würde sicher befremdet auf so viel Begeisterung reagieren. Für die Wilden passen eher Erfolgsgeschichten, wo sie ausnahmsweise mal vorsichtig und ängstlich waren.

❗ Was sagt es Gutes **über Sie** aus, wenn Sie für ein Kind extra eine Geschichte suchen ● oder schreiben?

Die Wahl der Hauptfigur

Falls Sie ziemlich genau über ein gutes Ereignis Bescheid wissen, können Sie die Geschichte ganz direkt dem betroffenen Kind zuschreiben, es bleibt also selbst die Hauptfigur - so wie im obigen Turmbau-Beispiel. Das Geschehene wird realistisch geschildert, direkt und einfach, ohne Metapher oder sonstige Umschreibung. Sobald Sie jedoch Aussagen über die Innenwelt des Kindes machen, braucht es Wahlmöglichkeiten, Konjunktive oder ein »vielleicht«: »Da könntest du das oder jenes gedacht haben…, und du hast vielleicht gespürt…«

Manchmal muss man jedoch auch bei Erfolgsgeschichten eine andere Hauptfigur wählen beziehungsweise die Umstände verfremden, ähnlich wie bei den heilsamen Geschichten. Das ist im Wesentlichen in zwei Situationen notwendig oder günstig:

• Man kann nicht immer ganz genau Bescheid wissen. Nach einer gelungenen Prüfung sollten Sie »…dann hast du richtig viel gelernt und deshalb hast du die gute Note geschafft!« nur erzählen, wenn Sie wissen, dass es auch stimmt. Vielleicht war der Erfolg ein reiner Glückstreffer oder er war erschwindelt? Dann passt ein allgemein formuliertes Angebot besser, aus dem sich ZuhörerInnen oder LeserInnen genau das herauspicken können, was brauchbar ist: »…und dann hat der Zauberlehrling eine gute Note bekommen. Ich weiß jetzt gar nicht, wie er das geschafft hat… was denkst du, wie hat er es wohl geschafft?… Das war wirklich toll von ihm, diese Gelegenheit beim Schopf zu packen. So findig und klug war er. (oder man zählt verschiedene Wege zu guten Schulnoten auf, samt den Vor- und Nachteilen).

- Manche Kinder (und noch mehr Erwachsene) halten direkte Anerkennung schwer aus. Sie können Gutes über sich kaum akzeptieren. Dann ist es ebenfalls notwendig, mittels einer Geschichte lediglich ein indirektes Angebot zu machen. Vielleicht lässt sich im Gespräch danach folgender Denkprozess anregen: »Also, wenn ein anderes Kind so etwas schafft, dann bedeutet es, dass es mutig (stark, ausdauernd, klug…) ist. Mir ist etwas Ähnliches gelungen. Vielleicht bin ich also doch nicht ganz so feige (schwach, faul, dumm…), wie ich das von mir selbst glaube?« Mehr zum Thema Selbstwert im Kapitel 3.1.

Mögliche Anlässe und Inhalte für Erfolgsgeschichten

Gelungenes, Erfolgreiches, Geschafftes sichtbar machen: verdientes Glück

Einladungen und Anlässe bietet das Leben selbst in Hülle und Fülle – wenn Sie darauf achten oder danach aktiv suchen: Die schönste und direkteste Möglichkeit ist es, ein Kind (vielleicht am Abend) zu fragen: »Was ist dir heute Gutes passiert? Wann warst du zufrieden mit dir?« Dann wird es Ihnen ganz von selbst das Glücksereignis des Tages erzählen. Arbeiten Sie seinen Anteil heraus und bringen Sie das Erlebte in die Geschichtenform - schon ist die Erfolgsgeschichte fertig.

❗Es ist günstig, das eine Zeit lang bei sich selbst zu erproben und danach zu suchen: Stellen Sie sich ab heute jeden Abend die Frage nach Ihrem »Erfolg oder Glück des Tages«. Worüber könnten Sie sich freuen und worauf würden Sie dankbar zurückblicken, wenn Sie es wirklich wollten? Eine (nicht immer lösbare) Aufgabe, besonders in den dunklen Phasen des Lebens. Doch falls Sie fündig werden, schreiben Sie darüber für sich selbst eine kleine Erfolgsgeschichte. Halten Sie es auf diese Weise fest.

Kleine Kinder kann man nicht fragen. Beobachten Sie deshalb gut, damit Sie ein Highlight sehen, das Sie direkt oder indirekt ansprechen und als Erfolgsgeschichte verankern können (Bsp. »Turmbau-Geschichte«). Anderes ergibt sich durch logische Schlussfolgerung: Wer vor Ihnen sitzen kann, muss wohl in seinem bisherigen Leben vieles richtig gemacht haben. Gute Noten entstehen in der Regel auf Grund von guter Leistung. Eine Prüfung nach mehrmaligem Scheitern geschafft zu haben, beweist Mut und die Ausdauer, nochmals angetreten zu sein.

Solche Erfolge als »verdientes Glück« haben vorher in der Regel Herausforderungen, Probleme oder Zielsetzungen.

Wohlfühlmomente und geschenktes Glück festhalten

Manchmal gibt es Momente oder Stunden von »geschenktem Glück«, die vielleicht ungeplant kommen, scheinbar ohne eigenes Dazutun, im Zusammensein mit anderen oder ganz für sich allein. Das stille Erleben des Wohlfühlens oder das laute, jubelnde Gefühl, ganz und gar lebendig zu sein, sind Kostbarkeiten. Sie verdienen – wie Edelsteine – die Fassung in einer Geschichte, weil sie sonst allzu leicht übersehen werden und im Alltagstrubel verloren gehen.

Selbst wenn eine Person scheinbar selbst dazu gar nichts aktiv beigetragen hat, sagen solche Erlebnisse trotzdem immer etwas Gutes über sie oder die Welt aus. Hier einige Beispiele:

- Ein Kind hat spontan Unterstützung bekommen: > »Ich kann Hilfe finden. Ich bin wertvoll. Ich kann so gut in Kontakt mit Menschen gehen. Ich darf vertrauen.«
- Der Sonnenaufgang war berührend schön: > »Ich bin lebendig. Ich kann Alltägliches genießen. Ich habe einen Blick für Schönheit. Das Leben kann überraschend gut sein.«
- Jemand hatte zufällig Glück: > »Ich kann Gelegenheiten erkennen, die sich bieten. Ich bin achtsam. Ich hatte Glück und verdiene das auch. Der Zufall ist manchmal auf meiner Seite. Ich kann warten.«

Das Gute im Schlechten erkennen

Einen ersten, winzigen Teilerfolg trotz späterem Scheitern festzuhalten, das Wertvolle im Mist zu sehen, die erste Ausnahme vom Problem bereits darin zu erkennen, dass es eine Minute lang nicht da ist… das braucht ein trainiertes Auge und ein hoffnungsvolles Herz. Sie können diese Fähigkeiten durch beständige Übung entwickeln oder perfektionieren, um die versteckten Erfolge im Leben eines Menschen sichtbar zu machen – und ganz nebenbei auch in Ihrem eigenen. Hier wieder Beispiele dafür:

- Das 4. Antreten zu einer Prüfung, das wiederholte Schuljahr: > »Ich habe Durchhaltevermögen und Mut. Ich bin bereit, mich anzustrengen und aus Fehlern zu lernen.«
- Die Wohnungsschlüssel oder Schulsachen, die zum allerersten Mal auf ihrem Platz liegen: > »Das ist mein erster Erfolg im Kampf gegen das Chaos. Ich kann zu meiner eigenen Ordnung finden.«
- Das erste Lächeln nach dem traurigen Verlust: > »Ich kann damit umgehen lernen. Es darf leichter werden. Ich kann in Verbindung bleiben und trotzdem wieder glücklich sein.«
- Fünf Minuten lang nicht an den Fingernägeln gekaut: > »Ich werde irgendwann erkennen, unter welchen Umständen mir das gelingt.«

Form und Zeitpunkt des Erzählens

Am Abend, am Tag danach oder auch später können Sie das Ereignis »verpacken«, indem Sie es in die bekannte 7-Schritte-Form bringen. Das wirkt wie ein schön gestaltetes Geschenk. Obwohl man den Inhalt schon kennt, erhöht das Auspacken den Wert, macht Spaß und stärkt die Beziehung. Wenn es keine allzu aufregende Sache ist, passt sie wunderbar in die Abendzeit. Erfolgsgeschichten sind sehr gute »Schlafmittel« für Kinder (und Erwachsene), ganz ohne unerwünschte Nebenwirkungen.

Es ist zusätzlich günstig, wenn Erfolge (beziehungsweise die Geschichten darüber) angreifbar oder sichtbar bleiben: ein Foto vom guten Ereignis, eine Urkunde oder Medaille, ein »Diary of Success« in der Schreibtischlade, die Geschichte in Schönschrift oder eine ganze »Wall of Fame« im Kinderzimmer. Innere Bilder halten länger, wenn es dazu äußere Bilder gibt. Für die dunklen Tage.

Beispiele für Erfolgsgeschichten

Grundsätzlich entspricht der Aufbau jenem der heilsamen Geschichten. Allerdings ist dort die »Lösung« (ab Schritt 4) zumeist eine Vorhersage, denn das Kind hat bisher erst die Schwierigkeiten (Schritt 1 bis 3) wirklich erlebt. Bei Erfolgsgeschichten dagegen ist auch Schritt 4 und 5 schon passiert und soll durch die Geschichte ins Rampenlicht gestellt und im Gedächtnis festgehalten werden.

Beim Lesen selbst ist natürlich für Außenstehende nicht erkennbar, ob diese gute Wendung bereits Realität geworden ist.

Nun zuerst eine Geschichte, die sehr direkt formuliert ist (vgl. Kap. 1.2, Elemente, die Nähe und Identifikation erzeugen), danach folgt dasselbe Ereignis in anderer »Verpackung«.

GESCHICHTE 1 für ein Schulkind zum Festhalten eines Erfolgs: Es wehrt sich erstmals erfolgreich gegen einen Angriff.

»Du warst einmal ein ganz kleines Kind. Ich glaube, da war alles meistens gut und richtig, du warst lieb und ich war lieb und alle anderen meistens auch. Dann bist du in den Kindergarten gekommen und da hast du schon gesehen, dass nicht immer alle kleinen und großen Leute lieb sind. Und später bist du in die Schule gekommen und seither musst du dich ziemlich oft mit Tina herumärgern, weil sie dich manchmal beleidigt und gemeine Sachen sagt. Du hast mir ja schon oft erzählt, dass sie zu dir sagt, dass du ein Schwächling bist, dumm und andere verletzende Dinge. Ich denke, manchmal hast du ihr fast schon ein bisschen glauben müssen.

Leider kann es passieren, dass man solchen Menschen begegnet.

Aber du bist irgendwie ganz von allein immer größer und stärker geworden. Und gestern hab ich gesehen, wie Tina dich wieder mal geschimpft hat. Und ich habe gesehen, wie du groß und laut geworden bist. Total stark. Hast du gemerkt, wie die Tina überrascht war? Sie war sofort still. Ich weiß nicht, wie und woher du das gelernt hast, aber es war großartig. Voll cool. Jetzt weißt du wieder: »Ich bin stark, ich kann mich wehren«. Das ist so toll. Ich freue mich mit dir. Lass uns das irgendwie feiern. Hast du eine Idee…?«

Vielleicht tut es diesem Kind gut, wenn es zu diesem Erlebnis eine Zeichnung gibt. Und vermutlich mag es das Ganze ein paar Wochen später noch einmal in der folgenden »distanzierteren« Geschichtenform hören:

GESCHICHTE 2 zum Festhalten desselben Erfolgs. Die Punkte... laden die/den ZuhörerIn zum Mitreden ein. Auch der Name der Hauptfigur (im Text steht nur x) soll vom Kind gewählt werden.

Es war einmal und es war einmal nicht eine Katze im Katzenwunderland. Sie war eine sehr liebe, junge Katze, mal verspielt und kuschelig, mal zornig und kratzig, so wie alle jungen Katzen es sind. Vor allem konnte sie gut klettern und springen und laufen und sogar singen: miiiiiau, miiiiiau! Ihr Name war ... (x)

In ihrer Nähe wohnte ein knurriger Kater. Er war immer schon da gewesen, seit x denken konnte. Dieser Kater war stark und groß. Er hatte bei den Menschen schon viele Nachrichten gesehen und den Menschen immer gut zugehört. Deshalb war er ziemlich klug. Aber er war langsam und vielleicht irgendwie unglücklich, ich weiß nicht warum. Aus irgendeinem Grund musste er immer, immer das Gefühl haben, der Beste zu sein.

Meist war er deshalb ganz furchtbar knurrig-grantig. Er hatte oft Streit mit anderen Katzen. Besonders gemein war er zu x. Dann sagte er zu ihr: »Du musst wirklich dumm sein. Kluge Katzen bewegen sich nicht so viel wie du, nur so wie ich. Kluge Katzen spielen nicht, höchstens mit einem Katzenball, nur so wie ich. Du kannst ja noch gar nichts. Das ist der Beweis, wie dumm du bist. Und außerdem bist du hässlich, dein Fell ist ganz komisch. Meins ist schöner. Und du bist viel zu klein für eine anständige Katze, ich bin größer. Schwach bist du auch: Ein Hieb mit meiner Katzenpfote und du kugelst herum.«

Ständig, ständig, ständig musste sich die kleine Katze x dieses Geraunze und Gemaunze anhören. Das war wirklich lästig und traurig für x. Und, stell dir vor, irgendwann musste x dem knurrigen Kater fast glauben und begann immer öfter zu denken: »Vielleicht hat er Recht? Vielleicht bin ich wirklich dumm. Vielleicht bin ich wirklich hässlich. Vielleicht bin ich wirklich ein zu kleines, zu schwaches Katzendings.«

Leider kann es passieren, dass kleine Kätzchen das von sich selber glauben, leider, leider.

Doch Katzenkinder werden wie Menschenkinder von Tag zu Tag immer ein bisschen größer und stärker. Auch x streunte im Katzenwunderland nach Katzenart herum und sah viel von der Welt. Und da sah sie, dass die meisten Kätzchen auch so waren wie sie. Sie sah, dass sie ganz normal war, ganz in Ordnung, mal verspielt und kuschelig und mal zornig und kratzig. Sie sah, dass sie gut maunzen konnte: manchmal leise singend, manchmal laut schreiend. Und sie sah, dass sie gut kämpfen und gut weglaufen konnte, wenn sie früh genug die Haare aufstellte, die Krallen ausfuhr, drohend pfauchte - oder eben mal einfach auf und davon sprang, ohne sich zu ärgern. All das bemerkte die junge Katze – und sie merkte sich das gut!

Und als der furchtbar knurrig-grantige Kater wieder auf sie losgehen wollte, da stellte sie all ihre Katzenhaare auf, sie fuhr die Krallen aus und pfauchte ihn an: »So nicht!«

Dem Kater verschlug es die Sprache, er war richtig erschrocken und blieb wie angewur-

zelt stehen. Und x stolzierte davon. Sehr stolz war sie.

Von da an konnte der knurrige Kater sagen, was er wollte. Es war nicht mehr wichtig, was er von ihr dachte. Sie selber wusste nun, was richtig und gut für sie war. Sie selber wusste nun, dass sie ganz und gar in Ordnung war. Sie dachte: »Ich kann mich wehren. Auf vielerlei Art. Ich bin richtig gut und stark.« Natürlich nicht immer, aber immer öfter. Ich weiß jetzt gar nicht, ob der knurrige Kater das irgendwann merkte und begann, freundlich zur Katze x zu sein. Ich weiß nicht, ob das jemals passiert ist. Es ist auch egal, denn es war nicht mehr wichtig für x.

Und so lebte die mittelgroße kleine Katze x weiter lustig und vergnügt im Katzenwunderland und erlebte noch viele tolle Tage.

Fertig geschriebene Geschichten finden

Selbstverständlich können Sie bei Erfolgsgeschichten jederzeit auf bekannte Erzählungen in Filmen, Büchern oder Zeitungen zurückgreifen, falls der »Erfolg« der dortigen Hauptperson zur aktuellen Heldentat oder dem Glücksmoment des Kindes passt. Es ist interessant, gängige Märchen und Geschichten danach zu durchleuchten, was sie Glückliches oder Erfolgreiches über die Hauptfigur aussagen.

Falls Sie den Eindruck haben, dass etwas sehr gut passt, reicht möglicherweise schon der Satz: »Das ist ja wie bei dir gestern!« und die restliche Geschichte entsteht von ganz allein im Kopf des Kindes.

- Aschenputtel > Fähigkeit zur Geduld. Auf den richtigen Augenblick warten. Seinem guten Herzen treu bleiben. Das Leid öffentlich beklagen (am Grab).
- Die Bremer Stadtmusikanten > Fähigkeit zur Zusammenarbeit. Lebensmut.
- Der regenbogenfarbige Fisch > aus Fehlern lernen. Hilfsbereitschaft.
- Rumpelstilzchen > Lösungen und HelferInnen, die schließlich zum Problem werden; Es hilft, Probleme offen zu benennen: »Gefahr benannt, Gefahr gebannt!«
- Rumpelstilzchen > Das Wesen tritt als idealer Problemlöser auf, es spinnt immerhin Stroh zu Gold – so wie ein Suchtmittel. Doch es hat seinen Preis...
- Der verehrte Popstar oder HeldIn des Sammelkartenspiels > Durchhaltevermögen. Einsatzbereitschaft. Begeisterung, Zusammenarbeit im Team.

Begegnen Ihnen faszinierende Texte oder interessante Paralellen, können Sie diese von nun an sammeln und im Gedächtnis behalten, damit sie bei Gelegenheit zu einem wunderbaren Geschenk werden können: Die Geschichte vom Straßenkehrer Beppo in »Momo« (Michael Ende 1973) als Erfolgsgeschichte, nachdem eine lange Durststrecke, eine Krankheit oder Ausbildung vorbei ist – oder als Lösungsgeschichte (Kap. 3.3), falls der anstrengende Abschnitt noch bevorsteht.

3 Geschichten für eine bessere Zukunft

Gut passende oder passend gemachte Texte können neue Ideen, Lösungs- und Erklärungsansätze liefern und so den Gedanken-Spielraum eines Kindes erweitern. Wieder erlaubt es die Form einer Geschichte, eine Anregung oder Lösung zu übernehmen - oder sie stressfrei abzulehnen.

BEISPIEL: Ein Vater hilft seinem Sohn im Volksschulalter beim Hausaufgabenmachen. Dieser quält sich lustlos von Zeile zu Zeile. Der Vater ahnt, dass ein direkter Vorschlag nicht mehr weiterhelfen wird. Deshalb erzählt er folgende Geschichte:
   »Du, ich habe mal in einem Buch über einen Sportler etwas Interessantes gelesen. Er hat gesagt, dass es viel besser ist, eine große Anstrengung in kleine Stückchen zu zerlegen. Dann ist das Training lustiger. Er hat das mit einer Stoppuhr gemacht. Das könnten wir auch tun, wir haben eine Stoppuhr am Mobiltelefon... hier ist sie. Willst du das mal versuchen? Wie lange, glaubst du, brauchst du für eine richtig schöne Zeile? 5 Minuten? Ok, jetzt drück auf Start... Wow, du bist viel schneller fertig gewesen. Ok, nächste Zeile 2 Minuten? ... Toll, fast genau erraten. Nächste Zeile? ...Manchmal braucht ein Sportler Pausen. Wie lange soll sie sein?...«

Solche Anregungen können die nahe oder ferne Zukunft eines Kindes ein wenig besser oder leichter machen. Fangen Sie bei der nächsten, vergleichbaren Situation einfach so an: »Ich habe mal eine interessante Geschichte gelesen über einen Vater, der seinem Sohn geholfen hat...«

Was genau soll Ihre spezielle Geschichte bewirken?

3.1-Geschichten für mehr Selbstbewusstsein: In diesem Kapitel finden Sie Anregungen, die einem Kind helfen, freundlich mit sich zu sein, Gutes über sich selbst zu denken. Das macht innerlich stark und ermöglicht selbstbewusstes Auftreten.
3.2-Lösungsgeschichten: Durch Geschichten können Sie unterschiedlichste Erklärungen oder Lösungsmöglichkeiten für ein konkretes Problem anbieten oder auf mögliche zukünftige Schwierigkeiten vorbereiten.
3.3-Teilegeschichten bieten eine exzellente Möglichkeit, problematisches Verhalten des Kindes oder von anderen Menschen verständlich zu machen und auf neue Weise damit umzugehen.

3.1 Geschichten für mehr Selbstbewusstsein

Selbstbewusstes Verhalten kennen wir alle. Man kann sich entsprechendes Auftreten gut antrainieren. Wenn es jedoch »echt« sein und Bestand haben soll, dann muss es meiner Ansicht nach auf zwei starken, inneren Säulen ruhen: auf wertschätzenden Selbst-Gedanken und guten Selbst-Gefühlen.

- WERTSCHÄTZENDE SELBST-GEDANKEN: Selbstbewusste und realistische Gedanken über sich selbst (Selbstüberzeugungen) klingen vielleicht so: »Ich bin fähig und gut. Ich habe Rechte. Ich verdiene, beachtet und respektiert zu werden. Ich kann dies und jenes. Ich kann einiges nicht, ich mache Fehler. Das ist menschlich, ich werde daraus lernen. Kritik kann ich aushalten und mich damit auseinandersetzen. Entwertung, Abwertung oder Verletzung jedoch dulde ich nicht. Da kann und darf ich mich wehren. Und egal, wie entwertend man mich behandelt: Es ändert nichts daran, dass ich fähig und wertvoll bin.
- GUTE SELBST-GEFÜHLE: Zusätzlich braucht wahres Selbstbewusstsein ein gutes und freundliches Gefühl zu sich selbst, auch und besonders dann, wenn man Fehler gemacht hat. Das wird oft »Selbstwertgefühl« genannt. Wie jedes Gefühl ist es für jemanden, der es gar nicht kennt, schwer zu beschreiben. Am besten gelingt auch das über die dazugehörigen Gedanken: »Ich bin ok, wertvoll und liebenswert, auch wenn ich Fehler mache. Ein kostbares Unikat. Ich bin mir wichtig und sorge gut für mich. Ich kann mich gut leiden, auch wenn ich nicht perfekt bin. Ich verdiene Gutes.«

Mich erinnert das Thema Selbstwert an einen Garten mit guten und giftigen Pflanzen (= die Gedanken über sich selbst, Selbstüberzeugungen), umgeben von einem Zaun (gezeigtes Selbstbewusstsein). Immer wieder mal vergeht Altes und wächst Neues. Der bereits fest verwurzelte »Altbestand« von Selbstüberzeugungen gemeinsam mit den heutigen Botschaften und aktuellen Alltagserlebnissen bestimmen, was ein Kind morgen über sich denken wird.

Möchten Sie, dass ein Kind bei einem zukünftigen Problem glaubt: »Wenn ich mich bemühe, wird es vielleicht am Ende gut ausgehen. Und wenn nicht, kann ich damit umgehen.« Oder soll es davon überzeugt sein: »Mir passiert nie etwas wirklich Gutes. Ich bin so ein Pechvogel und werde das immer sein…«? Wünschen Sie sich, dass sich ein Kind bei der nächsten Anforderung denkt: »Das schaffe ich sowieso nie!«, oder: »Wenn ich mir besonders viel Mühe gebe, kann ich das vielleicht dieses Mal schaffen.«? Soll es sich nach einem Misserfolg oder Fehler verurteilen und geißeln: »Ich bin so blöd, aus mir wird nie was. Eh klar, zu dämlich für alles.« oder »Das kann leider passieren. Ich werde daraus lernen.«?

Geschichten helfen, dass neue, gute Selbstgedanken und -gefühle gedeihen oder ein bereits bestehendes Gespinst aus negativen und belastenden Selbstüberzeugungen aufgebrochen wird. Wenn sich ein guter Satz erst einmal verankert hat, wird er weitere positive Sätze und Geschichten, die das Gute bestätigen, nach sich ziehen.

Hoffentlich kann das Kind von heute in 10 Jahren sicher sein: »Grundsätzlich bin ich ziemlich fähig, zumindest lernfähig.« und »Ich bin was wert«. Denn so ist es gut gewappnet. Ein starkes Netz aus guten Gedanken, die Wachstum, Wert und Hoffnung repräsentieren, wird hoffentlich sogar Schicksalsschläge oder schlimme Fehler einigermaßen heil überstehen und ein gutes Weiterleben ermöglichen.

❗Falls Sie sich eine Stunde Zeit nehmen würden und alles aufschreiben, was Sie über sich selbst denken, was wäre das Ergebnis? Sind Sie zufrieden damit? Welche Sätze wünschen Sie sich anders? Woher kommen Ihre einzelnen positiven oder negativen Selbstüberzeugungen und seit wann glauben Sie daran? Meistens erinnern wir uns sogar ziemlich genau daran, durch welche Situationen oder Menschen wir gelernt haben, in bestimmter Weise über uns zu denken.

In Wahrheit sind viele unserer Selbstüberzeugungen eher zufällig entstanden. Sie wurden uns eingeredet oder beruhen auf wenigen, emotional extrem bewegenden Ereignissen. Dass es viele Erlebnisse gibt, die das Gegenteil beweisen, ist in unserem Bewusstsein nicht präsent. Sie sind nicht als identitätsstiftende Geschichten im Gedächtnis. Was Menschen über sich selbst so fest glauben, stimmt oft gar nicht.

Falls es Ihnen schwer fällt, Ihre Selbstüberzeugungen zu identifizieren, dann achten Sie eine Zeit lang darauf, wie sich Ihre Selbstgespräche und inneren Dialoge anhören. Sollten in Ihnen beständig Schimpftiraden oder Streitgespräche laufen, dann könnten Sie zunächst herausfinden, wer da wohl beteiligt ist - mehr dazu im Kap. 3.3 Teilegeschichten.

BEISPIEL und Geschichte über die unterschiedliche Interpretation desselben Ereignisses. Vielleicht kann sie ein wenig Nachdenklichkeit erzeugen.

Drei Jugendliche X, Y und Z hetzen zur Bushaltestelle. Vor ihrer Nase fährt der Bus aus der Station, alle drei müssen nun auf den nächsten warten. Sie kommen ins Gespräch und man merkt, dass sie innerlich drei ganz unterschiedliche Geschichten über das gleiche kleine Alltagsereignis gebildet haben.

X denkt: »Eh klar, dass mir das passiert. Ich bin nicht wichtig genug, dass die Buslenkerin auf mich wartet. Sicher hat sie mich gesehen und kennt mich, ich fahre schon seit Jahren diese Strecke. Aber mit mir kann man das ja machen. Alle trampeln auf mir herum, ich bin so ein Pechvogel…« und schimpft laut über die Lenkerin.

Y antwortet darauf: »Die Angestellten dort haben ziemlich viel Druck, mein Onkel ist einer. Das hat nichts mit mir oder dir zu tun. Sie müssen ihre Fahrpläne einhalten, sonst hagelt es Beschwerden. Nächstes Mal muss ich früher weggehen, hilft nichts.«

Z hört zu – und findet X ziemlich sympathisch, beginnt zu plaudern, möchte sich ein wenig interessant machen und X kennen lernen. X checkt das nicht, weil die Wahrnehmung durch die aktuellen, trüben Gedanken beeinflusst wird. Z wird trotzdem am Abend einer Freundin erzählen: »So ein Glück: Der Bus fährt mir und noch zwei anderen davon und dadurch haben wir geplaudert. Kann gut sein, dass ich die Liebe meines Lebens getroffen habe. Vielleicht ergibt sich da etwas. Ja, man weiß nie, wofür etwas gut ist. Ich bin ein echtes Glückskind.«

Ziele und hilfreiche Aspekte

Selbstwert-Geschichten konzentrieren sich auf gute Selbst-Gedanken, weil diese einfach in Worte gefasst werden können. Sie sollen realistische, nützliche, positive Gedanken (= positive Selbstüberzeugungen) und damit auch Gefühle aufbauen, um den Selbstwert zu stärken und selbstbewusstes Handeln zu ermöglichen.

Denn was ein Ihnen anvertrautes Kind morgen über sich selbst denken wird, entsteht heute auf der Basis von kleinen und großen Alltagserfahrungen. Genauer gesagt, entwickeln sich die Selbstüberzeugungen nicht aufgrund von Erfahrungen, sondern nur durch die Geschichten, die ein Gehirn ganz automatisch (oder mit Ihrer Unterstützung) darüber entwickelt und später erinnert. All diese Informationen werden im Gehirn und vielleicht auch im Körper gespeichert und bestimmen das zukünftige Leben mit.

Darauf beruhen die Schlussfolgerungen über sich und die Welt – und damit auch Selbstwert und Selbstbewusstsein. Sie können einem Kind helfen, nützliche Schlussfolgerungen aus großen, einschneidenden Ereignissen der Vergangenheit zu ziehen. Außerdem werden Sie ihm hoffentlich in der Gegenwart oft und oft zeigen, dass es wertvoll und fähig ist. Denn die alltäglichen, kleinen Botschaften haben durch ihre tausendfache Wiederholung enormen Einfluss.

Mögliche Anlässe und Inhalte

Einen speziellen Grund braucht es für diese Form der Geschichte eigentlich nicht zu geben. Es tut jedem Menschen gut, selbstwertfördernde Geschichten zu hören (auch ihr/e ChefIn würde sich darüber freuen). Man kann neue Botschaften schicken, guten Altbestand ausbauen oder schädlichen Selbstüberzeugungen gezielt entgegen wirken.

Zuviel des Guten ist schlecht – das scheint ein eisernes Gesetz mit wenigen Ausnahmen zu sein. Es gilt auch für gute Botschaften. Also nicht zu schnell zu viel wollen. Wenn ein Mensch sich selbst für hässlich hält, wird es die Botschaft »In Wahrheit bist du durchschnittlich schön« nicht annehmen können (sogar wenn es objektiv betrachtet stimmt). Doch vielleicht mag er folgende Geschichte hören:

B**EISPIEL für eine Geschichte, die gegen eine eiserne, alte Selbstüberzeugung wirkt:** *Es wird beschrieben, wie ein Zauberkopfhörer (oder Zauberbrille, Zauberhut...) einer Königin hilft, die sich für hässlich (dumm, egoistisch...) hält. Plötzlich kann sie durch diesen Zaubergegenstand nämlich erkennen, was andere Menschen wirklich denken. »... und* *siehe da, die meisten dachten: ›Was für eine angenehme, sympathische Erscheinung die Königin doch ist‹ (kluge Frau, großzügig, gutherzig…)… Und irgendwann, als sie das oft genug gehört hatte, da konnte sie ein wenig davon glauben: ›Also bin ich doch manchmal eine angenehme Erscheinung (lernfähig, nicht immer egoisitisch…)…«*

Ich nenne es die **Zwischensatz-Technik,** dieses Finden von einem gerade noch akzeptablen Satz irgendwo zwischen der aktuellen, negativen und der gegenteiligen, zu stark positiven Selbstüberzeugung. Hier ist es der Satz »Ich bin eine angenehme, sympathische Erscheinung« zwischen »Ich bin hässlich« und dem Gegen-Satz »Ich bin schön«. Mehr dazu in Kap. 9, Frage 4.

Aufbau, Gestaltung und Beispiele

Ein erster Schritt zur Entwicklung einer solchen Geschichte kann es sein, eine gute Selbstüberzeugung zu wählen, die Sie einem ganz speziellen Kind wünschen. Vielleicht hat es einen Zwischen- oder Gegen-Satz zu einem bestehenden, eher negativen Selbstgedanken notwendig? Oder Sie warten, bis Sie über einen Beweis für eine gute Eigenschaft oder Fähigkeit »stolpern«. Haben Sie erst einmal begonnen, danach zu suchen, wird Ihnen das hundertprozentig passieren.

Beim Thema »Ich bin hässlich« bietet sich als fertige Geschichte das Märchen vom hässlichen Entlein an. Arbeiten Sie die SÜ selbst heraus oder fragen Sie die/den ZuhörerIn danach: »Was wird wohl der junge Schwan jetzt von sich denken?« Die Gegen-Sätze beim Schönheitsthema können in verschiedene Richtungen zielen: »Ich bin anders, doch ich kann diejenigen finden, zu denen ich gehöre.« »Ich bin schön für diejenigen, die es erkennen.« »Ich werde mein Glück finden.« »Ich habe kein Fotomodell-Gesicht. Und weil ich keines bin, ist mir das egal.« »Ich bin eine angenehme Erscheinung.« »Ich bin nicht besonders schön und werde genau deshalb die wahre Liebe finden – so wie der Prinz, der sich als hässlicher Bettler verkleidet, damit er um seiner selbst willen geliebt wird…«

Zu einem solchen Gedanken kann man dann weitere Beweise im Leben des Kindes suchen, Geschichten dazu schreiben oder das Thema in fertigen Kino- oder Buch-Beispielen erkennen helfen.

Nun ein Beispiel dafür, wie Sie ein Kind unterstützen können, dass sich oft ausgeschlossen fühlt und deshalb beginnt, Schlechtes über sich zu denken. Sie wollen die Selbstüberzeugungen stärken: »Ich bin liebenswert und kann Freundschaft finden«. Die direkte Botschaft fällt nicht auf fruchtbaren Boden, das Kind zweifelt daran, weil es in einer neuen Klasse wieder schwer Anschluss findet und zunehmend verstummt. Sie können nun Alltagsbeweise nutzen und sie in die Form einer Geschichte packen, Lösungen indirekt vorschlagen oder Bücher bzw. Filme dazu nutzen.

Die Ziffern im Text, in Klammern gesetzt, zeigen die Schritte laut Leitfaden.

Beispiel 1: Alltagsgeschichten nutzen und als Beweise sichtbar machen: Sie beobachten, wie dieses Kind mit der Nachbarskatze spielt, Fürsorge für Blumen zeigt, einer alten Dame ein Lächeln schenkt und sein Spielzeug mit dem Kind teilt, das zu Besuch ist.

Erzählen Sie am Abend: »(1)-Heute war ein richtig guter Tag. Leider ist das nicht immer so im Moment (2, 3 und 4 werden zusammengefasst). (5)-Doch heute hast du so viel Gutes getan, nämlich… (s. obige Aufzählung) und die Freude auch wieder zurückbekommen. Oder? (6)-Ich bin jedenfalls ganz sicher: Die Katze, die Blumen, die alte Dame und der Besuch, sie alle denken über dich: ‚So liebenswert, dieses Kind. Das wäre ein/e echt gute/r Freund/in für mich'. Das hast du richtig gut gemacht. Manche Kinder in deiner Klasse sehen das noch nicht. Die kennen das Geheimnis noch nicht. Es lautet: ‚Freund' kommt von ‚freundlich'. Wie könnten die dort erkennen, was du für ein interessantes und liebes Kind bist?....«

Beispiel 2: Selbstwert-Lösungsgeschichte erzählen: *»Mir fällt jetzt eine Geschichte ein: (1)-Da war einmal ein Prinz, dem ging es ganz gut. Er lebte… (2)-Doch dann kam er in eine neue Schule und niemand wollte mit ihm reden. (3)-Er musste denken: ‚Ich bin nicht liebenswert. Ich kann keine Freunde finden'. (4)-Leider kann das passieren. (5)-Doch durch Zufall entdeckte er das Geheimnis: Die anderen Kinder hatten Angst vor ihm, weil er ein wenig besonders war: nämlich besonders lieb und ganz besonders stark (oder sanft o.ä.). Manchmal können Kinder so einen Unterschied nicht aushalten. Doch eines Tages… Ui, jetzt hab ich das Ende der Geschichte vergessen… wie könnte denn die Geschichte vom Prinzen weiter gegangen sein? Hat er einen Weg gefunden? Hat er beschlossen, dass es ihm egal ist, was andere denken? Hat er seine sanfte (oder seine starke) Seite mehr gezeigt? Was denkst du…? Welchen Tipp würdest du ihm geben? Wie hast denn du damals Freundschaften im Kindergarten gefunden?«* (Zusätzlich können Sie einen eigenen guten Tipp verpacken. Bei einem allzu netten Kind ist es vielleicht: Wie kann ich mich gut wehren? Wann habe ich mich schon einmal gut gewehrt? Welche Filme kenne ich, wo jemand gut und stark ist und sich wehrt? Vielleicht braucht das Kind auch Tipps, wie man Interesse bei anderen weckt, etc.)

Beispiel 3: Heilsame Geschichte schreiben:
(1)-Es war einmal ein kleiner Frosch, der lebte in einem wunderbaren Teich, mit Fröschen und Libellen und Fischen. Der Frosch war ein kleines Sprachgenie und konnte mit all diesen Tieren sprechen. (2)-Doch eines Tages kam ein Sturm, packte den kleinen, leichten Kerl und – platsch – landete er in einem anderen Teich. Das war traurig und auch schwierig. Denn die Frösche dort hatten keine Lust mit ihm zu spielen oder zu sprechen. (3)-Nun musste er denken: »Ich bin nicht liebenswert. Ich werde nie Freunde finden.« (4)-Leider kann das so kleinen Fröschen passieren. (5)-Doch dieser Frosch erinnerte sich, dass er sooo viele Sprachen konnte und deshalb beschloss er, sich lieber mit den Libellen und Fischen anzufreunden. Er hatte großen Spaß. Bald ging es ihm wieder gut. (6)-Er wusste nun wieder:

74

»Ich bin liebenswert.« So war das und es war gut. (7)-Und so hatte der Frosch noch viele tolle Tage. Und eins, zwei, drei, die Geschichte ist jetzt vorbei......Vielleicht sehen wir zwei so einen interessanten Frosch einmal bei einem Spaziergang.

Beispiel 4: Fertig geschriebene Filme oder Bücher dazu anbieten: »Das war ein lustiger Film heute. So ein toller Vater-Fisch, der seinen Sohn im ganzen Ozean sucht. Interessant, die Fischfrau, die ständig alles vergisst, aber doch schließlich zur besten Freundin wird. Ups, jetzt habe ich aber leider selber vergessen, wie sie heißt. Weißt du das noch?...Was denkst du, wieso mögen die anderen sie so gerne, obwohl sie mit ihrer Vergesslichkeit natürlich ziemlich anstrengend ist?...«

Grundsätzlich können Sie sich beim Bau einer Selbstwertgeschichte an alle bisherigen Empfehlungen halten. Das 7-teilige »Rezept« ist auch hier der Leitfaden. Schreiben Sie zu jedem Punk einige Sätze und schon haben Sie eine Geschichte aus dem Ärmel geschüttelt. Schritt 2, 3 und/oder 4 können Sie manchmal überspringen.

Vielleicht passt es manchmal, kurze Vermutungen über die Ursachen des negativen Selbstwert-Satzes oder des geschädigten Selbstwertgefühls einzubauen. Wenn es tatsächlich ein bekanntes, ursächlich belastendes Ereignis gibt, folgt der Aufbau eher dem einer heilsamen Geschichte. Im Unterschied dazu werden die Elemente 2 und 3 jedoch nicht besonders ausführlich beschrieben, sondern nur kurz erwähnt.

Der Leitfaden: In 7 Schritten zur fertigen Selbstwertgeschichte

1 - **Einstieg und Anfang:** *Einleitungssatz > gute und sichere Ausgangslage*
2 - **(Belastung:** *mögliche Ursachen für den unguten Selbstwertsatz: Fehler, Kritik, Ablehnung, übermäßig hoher Ehrgeiz....)*
3 - **(Gedanke/Selbstüberzeugung-negativ:** *belastende, schädliche, typischerweise verallgemeinernde Schlussfolgerung über sich.)*
4 - **(Wendepunkt:** *»Das kann leider einer/m... (=Hauptfigur) passieren.«)*
5 - **Lösung:** *Lösungsweg (trotz Hindernissen), gutes Gefühl, aktiver Beitrag der Hauptfigur*
6 - **Gedanke/Selbstüberzeugung-positiv:** *guter, nützlicher, wahrer Glaubenssatz, der den Selbstwert stärkt und wofür das Geschehene ein Beweis ist*
7 - **Abschluss, Ausstieg:** *gute und sichere Stimmung verstärken > Schlusssatz*
8 -

Beispielselbstwertgeschichte

Das konkrete Ereignis in der nächsten Geschichte: Ein Kind vergaß das Füttern seines Haustieres und reagierte darauf ziemlich verantwortungsbewusst – also mit Schuldgefühlen und einem konkreten Vorsatz. Die Geschichte will die Selbstüberzeugung stärken: »Auch wenn ich Fehler mache: Ich bin ein gutes und liebenswertes Kind.« Und sie soll zugleich hilfreiche Ideen verankern helfen. Denn (wie wir alle wissen): Der gute Vorsatz, auf wichtige Dinge nicht mehr zu vergessen, reicht in der Regel selten aus.

GESCHICHTE für ein Schulkind, das auf das Füttern des Haustiers vergessen hat und nicht aufhören kann, sich Vorwürfe zu machen.

1 - *Es war einmal vor langer, langer Zeit ein Königssohn in einem Zauberland. Er hatte ein wunderbares Schloss mit wunderbaren Spielsachen und mit einem wunderbaren Haustier, einem kleinen kuscheligen Drachen.*

2 - *Eines Abends im bitterkalten Winter vergaß er, den Drachen in seine Drachenschlafhütte zu bringen. Die ganze Nacht musste er draußen sein. Es war ihm so entsetzlich kalt, dass er fast all seine Drachenwärme aufbrauchen musste.*

3 - *(wird übersprungen)*

4 - *Leider kann das passieren. Leider.*

5 - *Am nächsten Morgen bemerkte der Königssohn seinen Fehler. Es tat ihm soooo leid. Er hatte Sorge, dass ihn der Drache nicht mehr lieb haben würde. Doch das war nicht so. Denn auch wenn der Königssohn einen großen Fehler gemacht hatte, so sahen doch alle, dass er ein herzensgutes Kind war und daraus lernen wollte.*

6 - *Und so konnte der Königssohn sich selbst verzeihen und denken: »Ich bin trotzdem liebenswert, auch wenn ich Fehler mache. Und ich will das nie wieder tun.« (eine Schleife zurück zu Punkt 5:) Aber das Wollen reicht oft nicht gegen das Vergessen. Deshalb dachte er sich schnell einen Supertrick aus, der ihm half, wichtige Dinge zu erinnern. (Du, was könnte das gewesen sein? Was kennst du denn für Tricks, damit man wichtige Sachen nicht vergisst?... Also, ich mache deshalb manchmal...).*

7 - *Und so war bald alles wieder gut auf dem wunderbaren Schloss mit den wunderbaren Spielsachen und vor allem zwischen dem Haustierdrachen und dem jungen König. Und die Maus läuft in ihr königliches Haus und die Geschichte ist jetzt aus.*

Fertig Geschriebenes zur Selbswertstärkung finden

Ausgehend von der gewünschten Selbstüberzeugung oder Problemlösung können Sie etwas Fertiges suchen, wo diese oder eine ähnliche Botschaft enthalten ist. Es gibt nahezu für jede Selbstüberzeugung eine ganze Reihe von Märchen, Filmen oder Büchern. In unterschiedlichen Religionsgeschichten finden sich ebenfalls wichtige Selbstwert-Themen.

! Wo und wie können Sie fertig geschriebene Geschichten finden, welche die Selbstüberzeugung »Ich kann Freundschaften finden.« bestärken?

- In welchen Märchen, Fernsehserien, Büchern, Filmen… kommt das Problem oder das Thema »Freundschaften finden« vor? Sehr oft lernen sich dort die Beteiligten im Lauf der Handlung kennen – wie gelingt die erste Kontaktaufnahme? Was versuchen Menschen/Tiere, die zuerst ausgeschlossen werden? Was macht dort den Start schwierig?
- Welche Methoden, Freundschaften zu pflegen, werden »vorgespielt«? Was kann man zum Beispiel aus diversen Fernsehserien über Konfliktlösung in Freundschaften lernen?
- Durchsuchen Sie gemeinsam das Gesehene bzw. Gelesene: Welche Eigenschaften und Fähigkeiten fördern Freundschaften? Welche machen es in diesem Buch/Film schwierig? Ein Beispiel: Jemanden zu helfen ist ein guter Anfang. Allzu große Hilfsbereitschaft ist jedoch nicht immer günstig, denn man kann andere auch unter Schätzen begraben oder ausgenutzt werden. Wie gehen die Figuren der Geschichte damit um?

Manchmal reicht es aus, die Aufmerksamkeit eines Kindes auf dieses Thema zu richten: »Interessant, wie die beiden Freunde werden, obwohl sie sich doch am Anfang nicht ausstehen können.« Vielleicht braucht es gar nicht mehr Information, den Rest findet oder überlegt ein Kind dann selbstständig.

3.2 Lösungsgeschichten

Manche Erzählungen können bei der Lösung eines gegenwärtigen Problems oder bei der Vorbereitung auf eine zukünftige Herausforderung oder Veränderung helfen.

Ziele und hilfreiche Aspekte

Geschichten sind ganz grundsätzlich eine hervorragende Möglichkeit, gegenwärtige oder zukünftige Probleme zu beschreiben, zu erklären und Lösungsstrategien dafür vorzuschlagen. Prinzipiell beinhaltet jede der bereits beschriebenen heilsamen Vergangenheitsgeschichten diesen Zukunftsaspekt: Denn damit wird auch dieser erfolgreiche Lösungsweg und eine positive, nützliche Selbstüberzeugung fest im Gedächtnis verankert. Es kommt vielleicht dem Kind wieder in den Sinn, sobald es in (ferner) Zukunft vor einem ähnlichen Problem steht.

Natürlich können und werden Sie einem Kind zeitweise **ganz unverblümt raten:** »Falls du dieses oder jenes Problem hast, kannst du diesen oder jenen Lösungsweg überlegen und gehen.« Unter folgenden Umständen jedoch wollen Sie so etwas vielleicht nicht direkt sagen:

- Möglicherweise haben Sie Sorge, dass Sie durch das offene Ansprechen von möglichen Schwierigkeiten und Lösungen eine Angst erzeugen, die vorher nicht da war. So wie uns das Durchdenken von etwaigen Komplikationen Sorgen machen kann, die wir vorher nicht hatten.
- Das Eintreffen des Problems ist eigentlich ziemlich unwahrscheinlich. Sie wollen keine große Sache daraus machen, aber doch Pläne für den Ernstfall in den Raum stellen.
- Manchmal hat sich jemand in ein bestimmtes Verhalten oder einen offensichtlich erfolglosen Lösungsweg verrannt. Trotz, Scham oder Stolz lassen es nicht zu, dass er seinen Fehler zugibt und Ihren Rat befolgt. Indirekte Anregungen sind dann wesentlich besser geeignet, zu einem Menschen in einer Trutzburg vorzudringen.

Geschichten bieten nur indirekt Denkanstöße. Verschiedene Kinder hören unterschiedliche Aspekt heraus. Wenn Sie über den bekannten Clownfisch-Film reden, wo gleich zu Beginn die Mutter stirbt, können Sie beiläufig die Geschichte erzählen, dass Menschenkinder in so einem Fall zu Verwandten oder neuen Familien kommen. Die betroffenen Kinder sind natürlich traurig, aber nicht verloren. Sollte irgendwo in der/m ZuhörerIn die Frage oder Angst »Was passiert mit mir, wenn meine Eltern sterben?« schlummern (oder irgendwann später auftauchen), ist sie damit beantwortet. Doch falls die Frage überhaupt nicht aktuell ist, dann wird Ihnen ein Kind gar nicht richtig zuhören. Passt auch.

Mögliche Anlässe und Inhalte

Die Themen sind so vielfältig wie die menschlichen Probleme: Wie wird es sein, wenn ich die Stadt/das Land/die Schule wechsle? Was wird die neue Situation bringen? Wie kann ich mich motivieren, ein Problem zu lösen? Wie soll ich mit einem bestimmten Konflikt umgehen? Was könnte schlechter und was besser sein nach einer Scheidung der Eltern? Wie wird es sich anfühlen, wenn ein Haustier stirbt? Was passiert bei einer Operation? Wie bleibe ich bei der nächsten Zahnbehandlung cool?

All das kann direkt oder eben auch indirekt angesprochen werden, einem Zaubertier passiert sein oder in einem Märchen vorkommen. Verschiedenste Lösungsmöglichkeiten und Erklärungsansätze werden respektvoll angeboten. Geschichten können jederzeit abgelehnt werden. Auch gut, es ist nur eine Geschichte.

Aufbau und Gestaltung

Bitte schreiben Sie eine Lösungsgeschichte, so als ob das gegenwärtige oder zukünftige Problem samt Lösung bereits stattgefunden hat. Daher können Sie den bekannten Aufbau in 7 Schritten im Hinterkopf behalten: »Es war einmal...«

Grundsätzlich ist es gut, mehrere Angebote rund um dasselbe Problem zu machen. Denn keine Geschichte soll die »einzig Wahre« sein, sondern klar machen: Es gibt viele Problemszenarien, die unterschiedlichsten Menschen betreffen können. Und es gibt immer mehr als einen Lösungsweg.

Der Leitfaden: In 7 Schritten zur fertigen Lösungsgeschichte

1 - Einstieg und Anfang: *Einleitungssatz > gute und sichere Ausgangslage*

2 - Belastung: *das zukünftige Problem so schildern, als ob es schon passiert wäre (eventuell mehrere Geschichten zu unterschiedlichen Szenarien)*

3 - (Gedanke/Selbstüberzeugung-negativ: *vermutliche belastende, schädliche, typischerweise verallgemeinernde Selbstüberzeugung)*

4 - »Wendepunkt: *»Das kann leider einer/m… (Hauptfigur) passieren.«*

5 - Lösung: *Lösungsweg (trotz Hindernissen), gutes Gefühl, aktiver Beitrag der Hauptfigur*

6 - Gedanke/Selbstüberzeugung-positiv: *guter, nützlicher, wahrer Glaubenssatz über sich*

7 - Abschluss, Ausstieg: *gute und sichere Stimmung verstärken > Schlusssatz*

GESCHICHTENBEISPIELE: **Ein Kind hat einen Termin bei der Zahnärztin.** *Sie erzählen eine erste Geschichte »Es war einmal ein Kind… Es ging es zu einer Frau Zahndoktor…«, wo alles bestmöglich abläuft (dazu gibt es auch gute Bilderbücher).*

Dann überlegen Sie sich eine zweite Geschichte: »Es war einmal ein Krokodil…«, wo ein spezieller Krokodilputzer-Vogel, ein Krokodilwächter, diesem Krokodil die Zähne reinigt. Doch dabei piekt er das Krokodil, weil ein Schmutzteilchen feststeckt. Das tut weh und das Krokodil könnte… (nein, nicht den Vogel fressen!) Angst bekommen und denken: »Ich kann nichts tun«. Das sind also die Schritte 2 und 3. Sie sagen damit indirekt voraus, dass die Ärztin bohren oder auf andere Art Schmerzen verursachen könnte. »Leider kann das einem Krokodil und einem Krokodilwächtervogel passieren (Schritt 4)«. Als Lösungsweg können zum Beispiel Entspannungstechniken beschrieben werden (5): »… das Krokodil war superschlau. Es dachte ganz fest an den schönsten Tag in seinem Leben. Damals… Was glaubst du, woran könnte das Krokodil denken?… Dieses Krokodil weiß jetzt (6): »Ich kann schwierige Situationen meistern lernen. So mutig bin ich!« Alles geht gut aus u.s.w. (7).

Zunächst verankert also eine sehr direkte Erzählung den bestmöglichen Ausgang des Ereignisses. In der zweiten Geschichte mit anderer Hauptfigur und distanzierenden Elementen werden diverse Schwierigkeiten, Lösungen, Gefühle oder Gedanken als Möglichkeiten eingebaut, damit angekündigt und zugleich normalisiert.

Vielleicht gibt es schwierige, peinliche Fragen, die Ihre Geschichte beantwortet, ohne dass sie gestellt werden müssen? Damit kann man eine Belastung zu einem kleinen Teil »vor + weg-nehmen«.

Spätestens im Lösungsteil ab Schritt 5 (meist jedoch bereits vorher) passt es sehr gut, die Möglichkeiten **der interaktiven Gestaltung** auszuschöpfen:

»Was glaubst du, wird das Krokodil jetzt tun? Was hättest du getan? Wovor könnte das Krokodil am meisten Angst haben? Es könnte sein, dass sich das Krokodil oder der Krokodilwächter Sorgen macht - worüber vielleicht? Was könnte es da über sich selber denken? Wen soll das Krokodil fragen, falls es Angst bekommt? Wer oder was könnte helfen?«

Manchmal kann man auch bei solchen Problemen als Lösungsweg allgemeingültige, hilfreiche Botschaften vermitteln:

• Darüber zu reden, kann helfen.
• Vier Augen sehen mehr als zwei. Zwei Herzen sind stärker als eins.
• Es gibt immer mehr als zwei Möglichkeiten. Immer.
• Manchmal muss man aufgeben und sich von alten Zielen verabschieden, um den richtigen Weg zu finden.
• Manchmal muss man nur lang genug durchhalten und abwarten, um zu gewinnen.

Beispiele für Lösungsgeschichten

GESCHICHTE für ein Kind, das von den getrennt lebenden Eltern nicht bekommt, was es braucht. Doch die Erwachsenen können/wollen an der Situation nichts verändern, es scheint also keine Lösung in Sicht.

1 - *Vor vielen Millionen Jahren gab es einen Urwald. Da lebten hunderttausendmillionen Tiere, darunter viele Dinosaurier. Eines Tages passierte es, dass sich ein fleischfressender, schwerer Dino und ein insektenfressender, fliegender Dino ineinander verliebten. Das passiert selten, aber im Märchen geht das. Sie bekamen ein wunderbares Kind und nannten es Dinolein. Dinolein war toll, er hatte sooo einen klugen Kopf und soooo ein starkes Herz. Es war eine richtig gute Zeit für alle.*

2 - *Doch leider begannen die beiden Großen, immer ärger zu streiten, denn sie waren wirklich sehr, sehr, sehr verschieden. Irgendwann gingen sie auseinander, in zwei verschiedene Wälder, zu ihresgleichen. Endlich herrschte wieder Friede. Das Dino-Kind lebte mal mit dem einen und mal mit dem anderen. Es war meistens lustig. Aber ein Problem gab es: Der Fleischfresser dachte, Fleisch zu fressen sei das einzig Wahre und Gute. Doch je älter das Dinolein wurde, umso weniger schmeckte ihm das. Er aß immer nur wenig. Da war der Fleischfresser böse. Beim Insekten-Fresser war das ähnlich. Auch er dachte, nur Insekten machen glücklich. Doch das Dino-Kind wollte auch Insekten nicht mehr so gerne fressen, es aß immer nur wenig. Dann war der Insektenfresser böse. Egal, was das Dino-Kind machte, irgendwie war immer alles falsch und es bekam immer alle Schuld. Es bekam ein Gefühl, als ob sich ein schwerer Stein auf sein Herz legen würde.*

3 - *Da musste der kleine Dino irgendwann denken: »Ich bin schuld. Ich bin ein schlimmes Kind.« Oder: »Etwas stimmt mit mir nicht.« Es war traurig, wütend und erschöpft.*

4 - *Leider, leider kann so etwas kleinen Dinos passieren, sogar im Märchen.*

5 - *Doch das Dino-Kind war nicht schuld oder schlimm. Alles an ihm war richtig, auch wenn das Dinokind selber das noch gar nicht wusste. Glücklicherweise hatte er seinen besonders klugen Kopf. Als er wieder einmal erschöpft und hungrig einschlief, schickte ihm sein kluger Kopf einen Traum. Im Traum ging der Dino weit, weit weg von allen insekten- und fleischfressenden Dinos. Er kam in einen Wald, wo er noch nie gewesen war. Dort sah er etwas Neues: Er sah Dinos, die fraßen… Pflanzen! Vor lauter Staunen fiel der kleine Dino aus seinem Bett. Plumps. Ganz wach war er jetzt. Er lief zu den alten, weisen Dinos. Sie zeigten ihm Pflanzen, die Dinos tatsächlich fressen konnten. Der kleine Dino kostete und siehe da, es schmeckte ausgezeichnet.*

6 - *Da wusste das Dinokind: »Ich bin ein Pflanzenfresser! Das ist gut und richtig für mich. Ich bin ganz und gar in Ordnung. Meine insekten- und fleischfressenden Eltern sind auch in Ordnung. Ich bin eben anders. Die beiden können nicht verstehen, dass Anderssein gut ist. Aber ich, ich verstehe das jetzt.«*

7 - *Der riesige Stein fiel dem Dinolein von seinem starken Dinosaurier-Herzen. Plumps. Von nun an lebte er als Pflanzenfresser. Wenn er zu Insekten- oder Fleischfressern zu Besuch kam, dann nahm er sich einfach einen Vorrat von köstlichen Pflanzen mit. Ganz einfach. Am Anfang schimpften die großen Dinos, wie es leider ihre Art war. Doch schließlich gewöhnten sie sich daran. Und wer weiß, vielleicht haben sie sogar mal gekostet, aber das war irgendwie nicht mehr wichtig. So lebte Dinolein wieder glücklich und hatte noch viele tolle Tage. Und irgendwann suchte er sich seinen eigenen Wald. Doch das, ja das ist eine andere Geschichte!*

Fertige Problemlösungsgeschichten finden

Einem Kind steht eine Veränderung oder ein unbekanntes, eventuell belastendes oder schönes Ereignis bevor? Sie können es direkt darauf vorbereiten, indem Sie Bücher besorgen, wo einem (Tier-) Kind etwas Ähnliches passiert. Gehen Sie am besten in die nächste pädagogische Fachbuchhandlung oder in eine große Bücherei, wo Sie viele verschiedene Bücher durchblättern können. Es gibt für nahezu jedes Lebensalter und Lebensthema (wie Hochzeit, Scheidung, Geburt, Tod, Kindergarten, Krankenhaus, Konflikte oder Freundschaft) passende Bilderbücher und Jugendliteratur.

Auch bekannte Filme oder Serien liefern guten Stoff – meist sind sie genau deshalb beliebt. Sie sollten immer unterschiedliche Möglichkeiten, also zum Beispiel mehrere Bücher zum Thema, anbieten, denn ein/e ZuhörerIn soll schließlich auswählen können, was am besten passt. Viele Zeichentrickfilme berühren Lebensthemen und bieten Lösungen: Der Weg des jungen Löwen zum König zeigt unterschiedliche Möglichkeiten, wie man mit Schuldgefühlen umgehen kann. Die Entwicklung eines jungen Zauberers enthält so manchen Hinweis für den nützlichen oder schädlichen Umgang mit starken Gefühlen.

Wer mit suchendem Blick durch den Alltag geht, dem wird Passendes »ins Auge fallen«.

Sehr schöne Beispiele und ganze Listen empfehlenswerter Filme und Bücher finden Sie wie erwähnt unter den Begriffen »Bibliotherapie« oder »Filmtherapie« für Kinder im Internet.

3.3 Geschichten über innere Anteile

Vielleicht wollen Sie eines Tages einem Kind eine Geschichte zukommen lassen, das sich mit einem eigenen, schädlichen Verhalten herumschlagen muss. Doch Sie haben keine Idee, was die Ursache des Problems ist oder wie eine Lösung aussehen könnte?

Oder Sie sehen, wie ein Kind mit einem belastenden Verhalten einer/s Erwachsenen konfrontiert ist und darunter leidet. Es mag diese Person jedoch gerne, sucht die Schuld bei sich und verteidigt ihr Verhalten. In solchen Situationen können Sie auf »Teilegeschichten« zurückgreifen. Sie gehen von der Vorstellung aus, dass jeder Mensch innerlich wie ein kleines Team funktioniert. Dieses besteht aus verschiedenen Persönlichkeitsanteilen unter der Führung einer Chefin oder eines Teamleiters. Teilegeschichten haben einen eigenen Aufbau von a bis e. Dieser wird später ausführlich erklärt.

BEISPIEL: Hier zunächst die Entwicklung einer Teilegeschichte für ein Kind, dem es an Selbstmotivation mangelt und deshalb von sich glaubt bzw. gehört hat, dass es »faul« sei.

a- »Ich glaube, in dir wohnt so ein kleiner Genießer, ich nenn ihn jetzt mal Willibald. Der ist eigentlich lieb und nützlich, aber manchmal verhindert er, dass du schaffst, was du dir vorgenommen hast.

b- Dein Willibald schaut vielleicht fast so aus wie der Freund von dieser lustigen Zeichentrick-Biene. Was denkst du?

c- Ich denke, dein Willibald will – fast genau wie im Bienenfilm – dass du dich nicht überanstrengst, immer genug isst und schläfst, vorsichtig bist und keine zu anstrengenden Abenteuer erlebst. Das Leben soll gemütlich sein. Immer. Daher will Willibald anscheinend verhindern, dass du die Schulaufgaben machst. Er meint es nicht böse. Er übertreibt es nur mit seiner Fürsorge.

d- Du sagst, du willst jetzt spielen und später die ganze Zeit lernen. Was sagt denn da dein kleiner Freund Willibald dazu? Wird er dich lernen lassen oder hat er dann Sorge, dass du zu wenig Freizeit hast? Wie könntest du dir Spaß in den Nachmittag holen und trotzdem lernen?

e- Wie könnte eine Lösung aussehen?...Was sagt Willibald zu folgender Idee: Eine halbe Stunde lernen, dann spielen wir 10 Minuten »Blinde Kuh«, dann wieder lernen, dann spie-

82

len. *Weil Willibald weiß, dass du bald wieder spielen wirst, lässt er dich lernen, glaube ich. Passt das?... Was würde Willibald jetzt dazu sagen, wenn er sprechen könnte?«...*

Ziele und hilfreiche Aspekte

Teilegeschichten haben zum Ziel, ein Problemverhalten zu verstehen und verständlich zu machen. Danach kann der Umgang damit und das Finden von konkreten Lösungswegen erleichtert werden.

Mit diesem Modell kann man sehr gut die typisch menschlichen **Ambivalenzen erklären und einen guten Umgang damit lehren**. Es ist nahezu immer so, dass wir Menschen unterschiedliche Bedürfnisse und gegensätzliche Wünsche haben. Normalerweise finden wir einen Mittelweg oder erlauben einem dieser Anteile, eine Zeit lang über unser Verhalten zu bestimmen. Vielleicht greift dann die Vernunft steuernd ein. In ein inneres Ungleichgewicht geraten Menschen, wenn diese ausgewogene Zusammenarbeit der einzelnen Anteile längere Zeit verloren geht: sie missachten eine der inneren Stimmen, sperren unangenehme Teammitglieder (belastende Gefühle wie z.B. Ängste, Traurigkeit, Zorn) in den Keller oder überlassen kriegerisch-wütenden Anteilen, Genießern oder Arbeitstieren dauerhaft den Thron und damit die Steuerung des Verhaltens. Das kann verheerend sein.

Bei Kindern und Jugendlichen ist dieses Wollen von gegensätzlichen Dingen zeitweise besonders stark ausgeprägt und gleichzeitig besonders schwer auszuhalten – nicht nur für die Umgebung, sondern auch für den jungen Menschen selbst: Ein Kind will schlafen **und** es will sicher nicht ins Bett. Es will spielen **und** es will gute Noten haben. Daher wird es durchwegs als entlastend erlebt, diese tatsächlich unvereinbaren Bedürfnisse und Verhaltensweisen als getrennte Teile zu betrachten.

Man kann Kindern damit auch **das widersprüchliche Verhalten von Erwachsenen erklären:** Eine wichtige Bezugsperson ruft an und verspricht dem Kind absolut glaubwürdig, dass sie bald zu Besuch kommen wird. Und dann kommt sie doch nicht. Welche Schlussfolgerungen könnte ein Kind daraus ziehen? »Ich bin für sie/ihn nichts wert. Ich bin wertlos oder nicht liebenswert.«, »Er/Sie hat mich doch angelogen, ich kann meinen Gefühlen nicht vertrauen.«, »Es ist ihr/ihm ein Unglück passiert, ich muss mir Sorgen machen.« Das Teilemodell bietet nützliche Erklärungsmodelle für das Verhalten anderer Menschen, die den Selbstwert des Kindes schützen.

Erwachsene können ebenfalls enorm davon profitieren, weil dieses »Modell vom Inneren Team« (Schulz von Thun, Kumbier, s. Lit.) eine nützliche Landkarte zum Verständnis der Innenwelt bietet. Sie hilft bei der Orientierung. Daher wird dieser Ansatz in verschiedensten Psychotherapieansätzen genutzt, allerdings verpackt in unterschiedliche Begriffe wie z.B. »Externalisieren« (Systemische Therapie), »Ego-State-Therapie« (Hypnose), Sessel- bzw. Stuhlarbeit« (Gestalttherapie), »Schematherapie« (Verhaltenstherapie).

Grundannahme: Das Modell vom inneren Team

In wohl jedem Menschen laufen von Zeit zu Zeit durchaus heftige Diskussionen ab. Ein alltägliches Beispiel: »Soll ich das kaufen oder nicht? Dagegen spricht... Dafür spricht...: Ach egal, man gönnt sich ja sonst nichts... Interessant eigentlich, dass mir das ausgerechnet heute so wichtig ist. Was ist denn los mit mir?«

Offensichtlich diskutieren hier auf der Ebene der Gedanken verschiedene »Anteile«, also Facetten unserer Persönlichkeit, Lernerfahrungen und Bedürfnisse. Dieses »innere Team« verhandelt und arbeitet miteinander. Die Teile verhalten sich ähnlich wie Menschen einer Firma (Orchester, Königreich, Crew, Ensemble...), um ihre individuellen Fähigkeiten einzubringen und dem »Oberhaupt des Teams« die richtigen Entscheidungen zu ermöglichen. Wenn das gut funktioniert, profitieren alle.

Im oben angeführten Beispiel diskutiert vielleicht der »Sparsame« mit der »Genießerin«. Eine »Teamchefin« meldet sich schließlich zu Wort und schaut sich aus der Distanz an, welcher andere Teil vielleicht noch eine Rolle spielt.

Sie können zunächst davon ausgehen, dass jeder innere Anteil im Grunde etwas Gutes will. Erst Einseitigkeit oder Übertreibung kann Schaden für die Gesamtperson verursachen. Um bei dem Beispiel vom Einkaufen zu bleiben: die »Genießerin« will etwas Gutes tun, indem sie die Freude sucht, die »Sparsame« ebenfalls, denn sie will spätere Reue vermeiden helfen. Würde sich fortwährend immer einer dieser Anteile durchsetzen, dann hätte der »dazugehörige« Mensch früher oder später ein Problem. Die demnächst folgende Geschichte »Ein Königreich in der Krise« dient der Erklärung dieses Modells.

Aufbau einer Teilegeschichte

Ziel ist es also, dass Sie einem Kind die eigene Innenwelt oder die eines anderen Menschen so erklären, dass es damit sein Problem verstehen und lösen kann.

Daher braucht es eine Geschichte, wo ein Anteil dieser Person das Problem verursacht. Dann kann man (im Dialog mit dem zuhörenden Kind) die Dynamik analysieren und Lösungsideen entwickeln.

Bereits sehr junge Kinder steigen liebend gern ein, wenn Sie anfangen, **Teile-Sprache** zu verwenden: »Ich glaube, da gibt es einen Ärgerzwerg. Der packt dich manchmal und macht, dass du Sachen herumschmeißt...« oder »Ein Teil von mir will dir noch laaaange Geschichten vorlesen. Aber ein anderer Teil ist schon soooo müde und mag nicht mehr. Heute lasse ich den müden Teil gewinnen.«

Der Aufbau einer Teilegeschichte: a bis e

a - Namensgebung: den inneren Anteil identifizieren und benennen
b - Beschreibung dieses Anteils
c - Suche nach guten Zielen (Motivation) und der Herkunft
d - Diskussion mit dem Anteil, vielleicht auch mit der Gegenkraft
e - Lösungsidee für das Problem

So sieht das Skelett einer Teilegeschichte aus. Im Detail kann das wie folgt ablaufen:

a- **Namensgebung** des inneren Anteils: Können Sie sich an das Märchen vom Rumpelstilzchen erinnern? Wer den richtigen Namen des »Problems« (das vorher noch die Lösung war!) herausfindet, kann es sofort verjagen. So einfach geht es nicht immer. Doch durch das »in Worte fassen« wird vieles erst »erfassbar« gemacht, man kann es besprechen. Geben Sie dem inneren Teil, den Ihr/e ZuhörerIn nicht unter Kontrolle hat oder der das Problem verursacht, einen passenden Namen. Es sollte niemals (auf Dauer) ein böser Schimpfname sein. Vielleicht fällt Ihnen eine bereits bekannte Figur dazu ein. Es gibt Fantasienamen (Bix) oder Funktionsnamen (Der Verstand. Willibald, der Genießer). Im Laufe der Geschichte ist es oft nützlich, weitere Anteile zu identifizieren, die für das Verständnis der Situation oder für die Lösung wichtig sind: Mut als Gegenspieler zum ängstlichen Aufpasser, Ehrgeiz gegen Genuss, die Vernunft als Helferin u.v.m.

b- **Beschreibung** des Anteils: Man kann dem problematischen Teil ein Alter zuordnen, ein Geschlecht, ein Aussehen, ihn aufzeichnen (lassen), ein passendes Symbol bzw. Stofftier besorgen. Manche Kinder wollen ihm vielleicht sogar einen bestimmten Schlafplatz geben. Erforschen Sie gemeinsam Zusammenhänge: Der Löwe (wütender Anteil) sitzt in der Schultasche und ist ganz ruhig. Wer oder was macht sie auf, sodass er plötzlich (oder schleichend?) entkommen und toben kann?

c- **Suche nach den guten oder zumindest verständlichen Zielen** (Motiven) und nach der Herkunft des Anteils: Finden Sie gemeinsam heraus, was dieser Teil eigentlich Gutes will: Wozu könnte sein Verhalten dienen, welches Ziel will er für »seinen« Menschen – vielleicht mit ungeeigneten Mitteln – erreichen? Es steckt in der Regel eine positive Absicht hinter dem Verhalten eines inneren Teils, auch wenn das auf den ersten und zweiten Blick nicht sichtbar ist. Vielleicht hat er sich nur aufgebläht und arbeitet zuviel? Oder handelt er aufgrund einer bestimmten, eigentlich sehr verständlichen Ursache? Seit wann gibt es ihn? Vielleicht steckt eine alte Lernerfahrung oder ein wichtiges Bedürfnis dahinter.

d- **Diskussion:** Jetzt können Sie, das Kind selbst und dieser Anteil mit der Verhandlung beginnen. Wie kann dieser Teil sicher sein, dass sein grundsätzlich gutes Ziel auch erfüllt wird? Dann könnte er in Zukunft etwas leiser treten. Er soll bei kommenden Entscheidungen durchaus als Ratgeber dienen. Die betroffene Person soll für ihn sprechen, sie selbst kennt ihn am besten und ist verantwortlich, denn **er wohnt in ihr.**

e- **Lösungsidee** für das Problem: Das Ende der Geschichte soll darin bestehen, dass die Person die Kontrolle über diesen Teil und damit ihre Innenwelt in der Hand hat. Sie kann in ihm eine/n BegleiterIn, DienerIn, RatgeberIn finden, auf deren/dessen Meinung sie hört, ohne sich tyrannisieren oder schaden zu lassen.

Schritt für Schritt zur Teilegeschichte:

GESCHICHTE gegen Wutanfälle:
a- **Namensgebung:** *»Ich glaube, es wohnt neuerdings ein Ärgerzwergerl in dir.«*

b- **Beschreibung des Anteils:** *»Das packt dich und macht, dass du Sachen wirfst. Ganz wild. Das passt gar nicht zu dir. Magst du es aufzeichnen?«*

c- **Suche nach der Motivation und dem guten Ziel:** *»Vielleicht will es dir helfen, damit du bekommst, was du willst. Es will vielleicht sogar mir Angst machen. Es ist schon ok, dass es dir helfen will. Es ist ziemlich stark.«*

d- **Diskussion:** *»Aber es darf hier nicht toben. In dieser Familie tun wir einander nicht weh. Sag ihm das. Es ist gefährlich, mit Sachen zu werfen. Ich will das nicht.«*

e- **Lösung:** *»Besser ist, wenn das Ärgerzwergerl darüber redet, was es wirklich, wirklich, wirklich will. Dann muss es nicht explodieren. Kannst du mal ein ernstes Wort mit ihm sprechen? Je früher, umso besser: Wie kannst du es denn spüren, solange es noch klein ist?...«*

BEISPIEL für ein Kind, das ziemlich chaotisch wirkt und werkt: Es wäre schrecklich, wenn dieses vermutlich vorübergehende Verhalten als fixe Eigenschaft in sein zukünftiges Selbstbild aufgenommen werden würde!

Da ist es wohl wesentlich besser, davon zu sprechen, dass bei Ihnen daheim derzeit im Kinderzimmer eine »Chaosfrau« wohnt. Sie schafft es immer wieder mal, vom »restlichen« Kind fast unbemerkt, die Kleidung auf den Boden zu schmeißen. Sobald man sich mit der Chaosfrau unterhält, ändert sich vielleicht sofort ihr Name. Möglicherweise ist sie nämlich »eine Zeitwächterin«, die glaubt, Ordnung kostet zu viel Zeit (= gute Absicht). Ist das erkannt, kann man diesen Teil hervorragend für die Entwicklung eines passenden und zeitsparenden Ordnungssystems nutzen.

Oder ist sie eine »kreative Künstlerin«, die in Gedanken schon beim nächsten Spiel ist? Geschichten über ihre Zukunft behandeln dann das Thema: Wie die »Künstlerin« zur kreativen Freundin mit eigenem Betätigungsfeld (zeichnen, Aufsätze ausdenken, eine Chaos-Ecke verwalten) geworden ist.

Vorteile des Teilemodells und der »Teile-Sprache«

In den allermeisten Fällen gefällt der Gedanke an ein »inneres Team« oder einen für Probleme verantwortlichen »inneren Anteil«. Das Kind wird ihn dankbar aufgreifen und weiterspinnen. Und wenn nicht, gilt auch hier: niemals zwingen und nicht drängen. Was nicht passt, passt nicht. Ende der Geschichte.

Vorteil 1: Sich selbst und andere besser verstehen
Das Teilemodell bietet eine nützliche »Landkarte der Innenwelt«, also der eigenen Psyche und jener anderer Menschen.

BEISPIEL: Die Bezugsperson X verspricht dem Kind einen Besuch, doch tut es nicht. Die Erklärung in Teile-Sprache könnte so klingen: »Ich glaube, ein Teil in X will dich besuchen. Unbedingt. Denn du bist so ein liebes Kind. Doch später wird ein anderer Teil in X stärker und gewinnt. Ich habe keine Ahnung, was das genau ist. Es kann sein, dass X es auch nicht weiß.«

Es ist also nicht die Schuld des Kindes, sondern das Problem der Person, in der diese Teile wohnen und die deshalb Verantwortung dafür hat. Allerdings bedeutet das leider auch: Ein Kind kann »nichts dafür« - und damit leider auch nichts dagegen tun. Sein quälendes Schuldgefühl vergeht hoffentlich, doch es kann sich nun schlechter, nämlich hilfloser und trauriger als vorher, fühlen. Denn nichts tun zu können ist zwar realistischer, aber deshalb nicht angenehmer als ein irrationales Schuldgefühl. Es wird Trost brauchen, viele Beweise, wie liebenswert es selber ist und Geschichten darüber, dass draußen in der Welt andere Menschen warten, die ihre Liebe auch leben können (vgl. Text zu Schuld- und Opfergefühlen, s. Lit.).

Innere Anteile haben jeweils eigene Entstehungsgeschichten, Motive und Ziele. Die Forschungsreise, um sie kennenzulernen, ist durchaus spannend und kompliziert. In der Regel braucht man ein ganzes Leben lang Zeit, um sich selbst zu verstehen und sich gut führen zu lernen. Also besser gleich damit anfangen. Literatur dazu am Ende des Buches.

Vorteil 2: Distanzierung vom Problem + Übernahme von Verantwortung:
Der Ansatz eröffnet eine Fülle neuer Möglichkeiten. Denn in der Regel geht es um ein Verhalten, das jemand an sich selbst bekämpft und hasst. Niemand möchte faul, unzuverlässig, aggressiv oder ein Quälgeist sein oder genannt werden.

Über Vorwürfe, endlose Veränderungsappelle oder Listen mit logischen Argumenten erreichen Sie vielleicht nur, dass der/die Angesprochene sich wütend verteidigt. Noch schlimmer sind die Auswirkungen, sobald das Kind die Vorwürfe »Du bist so faul...« glaubt. Dann leidet es nicht mehr nur unter seiner ungünstigen Gewohnheit, sondern auch an einer schädlichen Selbstüberzeugung: »Ich bin tatsächlich faul (schlecht, willensschwach, böse, gemein, verantwortungslos, chaotisch...)«.

Es kann uns Menschen bei Verhaltensänderung enorm helfen, wenn wir **Abstand** zwischen uns und das unerwünschte Problemverhalten bringen können. Aus einer Eigenschaft (»faul«) wird nur mehr ein Verhalten (»Anstrengungsvermeidung«). Dieses wird symbolisch nach außen verlagert, zu einem von uns getrennten Wesen(steil), mit eigenem Namen und Aussehen (»Willibald, der Genießer, der kleine Anstrengungsvermeider«). Das gehört dann nicht mehr so richtig zu uns, wird also getrennt von der eigenen Identität erlebt. Es erleichtert persönliche Veränderung zu denken: »Das bin nicht ich. Doch es wohnt in mir und daher bin ich zuständig.« So bleibt die **Verantwortung** für das Verhalten dieses Persönlichkeitsanteils trotzdem immer bei der betroffenen Person selbst.

Mit Hilfe der Teile-Sprache braucht man nie mehr »das ganze Kind« zu kritisieren. Sie können trotzdem auf den schwierigen Anteil böse sein, wenn sich dieser (noch) nicht an Vereinbarungen hält oder (noch) nicht versteh- bzw. kontrollierbar ist. Der Selbstwert der betroffenen Personen bleibt unangetastet. So können Erwachsene zu starken MitstreiterInnen und Verbündeten im »Kampf« gegen den inneren Anteil werden. Und außerdem bleibt die Liebe unangetastet: »Ein Teil in mir versteht dich und mag dich, egal was passiert. Ein anderer Teil ist ziemlich sauer.«

Hoffentlich wird ein Kind nicht mehr die Verantwortung oder Schuld dafür übernehmen, wenn ein/e Erwachsene/r sich daneben benimmt. Viele geben die Schuld den Kindern: »Du machst mich zornig. Du musst brav sein, damit ich mich nicht aufrege. Du bist schuld, wenn ich explodiere.« Das ist nur ein jämmerlicher Versuch, den Unschuldigen die Schuld zu geben, damit man den Fehler nicht bei sich selbst suchen muss. Interessante Infos bezüglich kulturell anerkannter Altersgrenzen für Schuld finden Sie übrigens im Gesetzestext Ihres Landes. Dort ist unter anderem festgeschrieben, ab welchem Alter ein Mensch für sein Verhalten verantwortlich gemacht werden kann.

Es ist für ein erfolgreiches, gewaltfreies Leben enorm wichtig zu lernen, die eigenen emotionalen Kräfte und inneren Anteile selbstbestimmt und gut zu managen. Kinder lernen am Besten am Modell: »Ich merke, wie mein eigener Ärgerzwerg in mir wächst. Ich gehe jetzt an die frische Luft. Ich werde tief durchatmen und mich beruhigen. Dann reden wir weiter.« Buchempfehlungen mit Tipps zum Verständnis und Umgang mit unterschiedlichen Gefühlen finden Sie im Literaturteil.

Entsprechend komplex formulierte Teilegeschichten sind deshalb auch bei den »Großen« äußerst beliebt. Denn Menschen in jedem Alter schätzen sinnvolle Unterstützung zur Verhaltensänderung, niemand braucht »Vorträge« über Vernunft oder Willensstärke.

Vorteil 3: Ehren der guten Absicht

Wichtig ist es, keinen Teil aus dem Team zu werfen, zu vernichten oder dauerhaft zu entwerten, denn vermutlich will er eigentlich etwas Gutes. Daher soll kein Persönlichkeitsanteil mit einem negativen Namen oder Schimpfnamen bezeichnet werden. Natürlich ist es zeitweise nicht einfach, diese gute Absicht herauszufinden. Das kann eine kniffelige Aufgabe sein. Beispiele in den später folgenden Teilegeschichten.

Vorteil 4: Gemeinsames Ziel finden und verfolgen

Menschen im Umfeld mögen die »Faulheit« nicht und kritisieren das Kind. Es setzt sich zur Wehr, wird trotzig, argumentiert, leugnet – alles mehr oder weniger verzweifelte Versuche, seinen Selbstwert zu schützen. Konflikte sind vorprogrammiert. Eine kampfähnliche Situation entsteht, ein »Gegeneinander«.

Durch den Teileansatz wird sich das oft auflösen, ein »Miteinander« entwickelt sich: Das Umfeld und das betroffene Kind arbeiten gemeinsam für mehr Durchsetzungskraft gegenüber dem inneren Anteil »Willibald«. Diese Zusammenarbeit erschafft, fördert oder repariert die Beziehung.

Sie können eine Teilegeschichte genussvoll interaktiv entwickeln (Beispielgeschichte »Willibald«) oder sie sich vorher (fast) fertig ausdenken und sie vorlesen wie jede andere auch (Beispiele: »Königreich in der Krise«, »Bix, der Hundefloh«).

Ich sehe die Aufgabe von Eltern, anderen Bezugspersonen und HelferInnen darin, als »externe/r BeraterIn« das innere »Oberhaupt« des Kindes zu unterstützen. Sie sind »Assistenz« der »Geschäftsleitung« im Kind. Ziel ist, das es sein inneres Team irgendwann ganz ohne Hilfe gut und selbstverständlich führen kann.

Beispiele für Geschichten über innere Anteile

Zu Beginn wird die Geschichte »Ein Königreich in der Krise« diesen Teileansatz erklären. Danach folgen Beispiele zu verschiedenen Themen.

GESCHICHTE für eine Jugendliche: »Ein Königreich in der Krise« erzählt, wie aus einem chaotischen, übermotivierten K-Team ein richtig gutes Inneres Team wurde. Sie können die Vorstellung »Königreich« gern ersetzen: Orchester, Firmenteam mit Geschäftsleitung, Filmteam mit RegisseurIn, Raumschiffscrew...

Es war einmal vor ewig langer Zeit ein bedeutendes Königreich. Das Land und sein Volk waren gesegnet mit Klugheit und Früchten und Bodenschätzen. Es blühte und wuchs unter der Führung einer gute Königin, die dieses Land ganz allein regierte.

Eines Tages wurde dieser Königin irgendwie alles zu viel. Sie wurde krank und fiel in einen tiefen Schlaf. Das war ein Aufruhr! Niemand war imstande, sie aufzuwecken. Man konnte einfach nur warten.

Doch ein Königreich muss regiert werden. Es braucht ein Oberhaupt, so wie ein Körper einen Kopf. Die Lösung in dieser Krise war, dass sich die wichtigen Leute im Reich zusammenfanden zu einem Team. Sie nannten sich das »K-Team«, K wie Königin. Es klang gut am Anfang, doch leider begannen sie sofort darüber zu streiten, wer denn nun die Führung übernehmen sollte.

Es gab die »Sorgenvolle« im Team. Sie war pessimistisch und prophezeite, dass sowieso bald alles verloren sein würde. Die anderen mochten sie nicht, daher wurde sie gleich in den Kerker gesperrt. Aber von Zeit zu Zeit gelang es ihr auszubrechen, den Thron zu besteigen und eine Staatskrise auszurufen.

Die »Kriegerin« des Teams wollte immer nur kämpfen und gewinnen. Überall sah sie nur Feindschaft. Selbst kannte sie nur den Angriff als Verteidigung. Und, wui, die verstand es zu kämpfen! Mit Worten, mit Taten, mit Zorn, mit ganzer Kraft konnte sie Leute oder Hindernisse vernichten, wenn sie wollte. Und sie konnte auch das K-Team angreifen. Denn sobald der ganze Ärger nicht hinaus konnte, dann beschoss sie mit ihren scharfen Worten manchmal die eigenen Leute. Oder sie machte Freundschaften des Reiches kaputt. Besser selbst Beziehungen zerstören als warten, bis das jemand anderer tut. Keine Diskussion. Keine Schwäche zeigen. So war sie, es musste einfach alles so gehen, wie sie wollte.

Dann gab es noch die »Vernünftige«. Sie sah alles ganz logisch und war toll im Nachdenken und Verstehen, im Argumentieren und Wissen. Das beeindruckte jedoch niemanden auf Dauer. Und allein war sie schwach und konnte sich nie lange am Thron halten. Ich denke, sie litt enorm unter dem Chaos.

Im K-Team war auch eine ganz großartige »Wonderwoman«. Sie konnte einfach alles allein machen und hatte Superkräfte – zumindest glaubte sie das von sich selbst und wollte den Thron nie kampflos hergeben. Ich glaube, sie war der Königin sehr ähnlich.

Am öftesten gewann die kritische »Nörglerin« den Regierungssitz. Sie suchte ständig nach Fehlern innerhalb des K-Teams oder in der Welt. Und die fand sie auch. Immer. Sie hatte an allem etwas auszusetzen und war niemals zufrieden. Leider fielen ihr deshalb Entscheidungen schwer und sie verhinderte auch Entscheidungen des Teams. Ein großer Jammer war es für alle, wenn sie am Ruder war.

Auch ein »Königskind« war im K-Team dabei. Es wollte entweder spielen und lustig sein. Oder es war furchtbar traurig wegen der schlafenden Königin. Manchmal hatte es ein riesiges Schuldgefühl, dann machte es sich ganz klein und wollte auf ewig ganz brav sein, damit niemand schimpfte. Auch trotzig war sie zeitweise, oder total zornig. Abwarten ging gar nicht, es sollte immer alles gleich geschehen. Ich bin ziemlich sicher, innerlich hatte es wie alle Kinder eine Heidenangst, verlassen zu werden. Sie machte allen ein ganz schön schweres Leben, sobald sie am Thron saß.

Genau, das habe ich ganz vergessen zu erzählen: In diesem Königreich gab es – so wie in jedem anderen Reich – nur einen Thron. Und nur wer darauf saß, der konnte bestimmen und regieren.

Na, das war ein Gerangel und Gezänke den ganzen Tag. Wenn es zum Beispiel die »Vernünftige« endlich geschafft hatte, oben zu sitzen und eine Entscheidung zu treffen, kam sofort die »Nörglerin«, stieß diesen Teil hinunter und kritisierte. Die »Kriegerin« ließ sich das nicht bieten und schickte sofort alle in den Kampf. In einem unbeobachteten Moment krabbelte das »Kind« auf den Thron, sagte den Krieg einfach ab und wollte spielen. Anstrengend, ermüdend, irgendwie sinnlos. Alle im Reich waren so beschäftigt, dass niemand mehr zum Gut-leben und zum Lernen, Arbeiten, Spielen und Entdecken Kraft hatte. Schrecklich.

Leider, leider können so schlimme Dinge passieren, sogar in einem so schönen Königreich. Doch eines Tages durchquerte eine Zauberin das Königreich. Niemand sah sie kommen und niemand sah sie gehen. Und niemand sah, dass sie auf ihrem Weg quer durch das Land Samen und Säfte vieler Früchte des Landes einsammelte und daraus einen besonders mächtigen Zaubertrank braute. Diesen brachte sie heimlich zur Königin. Nur ein Tropfen war es, mit dem sie die Lippen der schlafenden Königin benetzte, dann zog sie weiter. Der Zauber jedoch, der tat seine Wirkung und – welch ein Wunder – die Königin erwachte. Noch war sie schwach und konnte den Thron nicht besteigen. Sie musste eine Weile dem Chaos machtlos zusehen. Doch sie erkannte dabei etwas Wichtiges: Es gab viele gute Spezialistinnen in diesem K-Team. Das hatte sie vorher gar nicht gewusst und hatte geglaubt, alles allein machen zu müssen.

Sie wartete also und lernte. Ganz von selbst wurde sie stärker und stärker, denn der Zaubertrank arbeitete weiter und heilte sie von innen heraus. Und irgendwann stand sie einfach auf und setzte sich auf den Thron. »Schluss jetzt, ich bin wieder da« sagte sie zu dem verdutzten K-Team. »Ich danke euch für euren starken Willen, Gutes für unser Land zu tun. Dieses Land braucht jedoch eine Königin und das kann nur ich sein. Doch bitte, bleibt bei mir als meine Helfer und Beraterinnen. Ich werde mich vor jeder Entscheidung mit euch besprechen. Vielleicht überlasse ich sogar für eine kleine Weile, wenn es mir nützlich erscheint, einem oder einer von euch den Thron. Doch ich bin und bleibe die Königin.« Besonders lieb war sie zum Königskind und sagte: »Ich kann mich nicht immer selbst um dich kümmern, doch ich werde dafür sorgen, dass du alles hast, was du brauchst.«

So war es und es war gut. Das Königreich wurde wieder stark und friedlich. Alle waren froh. Jeden Tag ging es nun ein wenig besser unter der Führung dieser richtig guten und nun auch ziemlich weisen Königin. Sie lernte weiter aus ihren Erfolgen und Fehlern und lebte daher gemeinsam mit ihrem K-Team von Tag zu Tag noch besser und wurde noch weiser. Und eine Maus lief ins Königshaus und die Geschichte ist jetzt aus.

GESCHICHTE für ein Volksschulkind, das andere Kinder gern ärgert und vor lauter Lustigsein jede Empathie verliert.

a- *»Ich glaube, in dir wohnt so ein listiger und lustiger Tiger, genau wie in deiner Lieblings-Zeichentrickserie mit dem honigverliebten Bären und dem traurigen Esel. Er mag gern andere ärgern und austricksen.*

b- *Er kann eine gute Hilfe sein: Mit ihm ist es nie langweilig, er hat immer Schabernack im Kopf. Er weiß, wie man andere auf die Palme oder zum Weinen bringt. Und wenn er richtig in Topform ist, bekommt er fast alles, was er will. Andere Leute glauben, DU tust das, dabei ist es nur dieser Tiger. Und oft, kommt mir vor, ist er stärker als du selbst. Dein gutes Herz (= zweiter innerer Anteil, Gegenspieler) mag ihn stoppen. Oft gelingt das auch, doch es ist nicht immer stark genug. Dann kannst du deinen Tiger gar nicht mehr bändigen. Das ist nicht mehr lustig. Magst du die zwei Kräfte mal aufzeichnen, dein gutes Herz und den Tiger?....*

c- *Du, vielleicht ist es so, dass der Tiger losbrüllt, wenn in dir eigentlich eine Traurigkeit* oder ein kleiner Ärger auftaucht? Oder der Tiger tut das, weil er Zweifel hat, ob deine Freundin dich noch immer gern hat? Was denkst du?... Du weißt es nicht? Hm, was würde wohl der Tiger dazu sagen? Fragen wir ihn mal: ›Hi Tiger...?‹

d- Kannst du ihn fragen, warum er manchmal so über-drüber-lästig ist? Wobei will er helfen? Woran könnte der Tiger erkennen, dass du ihn nicht brauchst?....

e- Ok, vielleicht sollten wir ihn eine Weile nur beobachten: Wann schleicht er sich an und woran kannst du das schon früh merken? (Oder: Ich kann es nicht aushalten, wenn der Tiger dir oder einem anderen Kind weh tut. Das erlaube ich nicht.) Wie können wir ihm helfen, dass er das, was er haben will, anders sagt. Vielleicht kannst du die Tiger-Sprache besser verstehen als ich. Du kennst ihn länger, auf dich hört er...« .

GESCHICHTE für ein Schulkind, das unruhig und zappelig ist: »Bix, der Hundefloh«: Es war einmal und es war einmal nicht ein kleines Hundemädchen, das hieß Wuffi. Dieses Hundemädchen war lieb und klug und lebte in einer feinen Hundewohnung mit guten Hundeleuten, mit viel Spaß und Spiel, mit Arbeit und Freizeit. Dieses Hundemädchen hatte einen kleinen Floh. Das ist bei Hunden fast normal, dass sie Flöhe haben, es stört sie meistens nicht besonders.

Dieser Floh — er war übrigens der einzige von Wuffi und deshalb hatte sie ihn Bix getauft — also dieser Bix war manchmal ein bisschen lästig. Immer beim Aufgabemachen zwickte Bix die kleine Wuffi in die Zehe. Wuffi ging nämlich in eine richtige Hundeschule und machte da, genauso wie du, manchmal Schulaufgaben. Sobald der Bix die Wuffi in die Zehe zwickte, dann konnte Wuffi natürlich nicht ruhig sitzen. Sie wackelte und dackelte hin und her. Sie kratzte sich, stand auf, setzte sich wieder nieder, holte sich Futter und und und. Sehr lästig, dieser Bix.

Dabei war er so klug wie ein Herr oder eine Frau Doktor: Denn er wusste, dass es für einen Hundekörper und einen Hunderücken gar nicht gesund ist, wenn er sich stundenlang nicht bewegt. Da kann ein Hund nämlich bald gar nicht gut denken und bald nicht mehr gut laufen. Bix erlaubte jedoch der Wuffi manchmal nicht einmal, eine Minute still zu sitzen. Das konnte Wuffi fast nicht mehr aushalten, denn sie wollte unbedingt auch ein kluges Hundekind werden und viel lernen!

Als Wuffi eines Tages hörte, dass Bix zufällig einen Ausflug auf ihr Ohr machte, hatte sie eine Besprechung mit ihm. Denn wenn Bix auf ihrem Ohr saß, konnte sie die leise Flohstimme gut verstehen. Bix erzählte Wuffi: »Du musst dich bewegen. Das ist wichtig für einen so gesunden, jungen und lebendigen Hund wie dich!«. Wuffi erzählte Bix, dass sie sitzen wollte wegen der Schulaufgabe. Und dann dachten beide lang nach. Ganz lang. Wenn Hunde nachdenken, kratzen sie sich am Ohr. Das tun sie, glaube ich, weil sie mit ihrem Hundefloh sprechen, der dort sitzt.

Also, sie dachten lange nach und plöööötzliiich kam eine Idee: Wuffi machte in Zukunft immer eine Aufgabe mit ihren Pfoten, genau eine. Dann lief sie eine Runde durch die Wohnung. Nun wieder eine und wieder Bewegung. Manchmal — wenn sie sehr schnell war — machte sie auch zwei Aufgaben. Aber nicht zu viel. Bix musste versprechen, mit sanftem

Zwicken und Zwacken und Kitzeln an die Bewegung zu erinnern. Das vereinbarten die beiden und es funktionierte ziemlich oft. So lebten sie glücklich und zufrieden weiter und erlebten gemeinsam noch viele tolle Abenteuer in der feinen Hundewohnung mit den guten Hundeleuten.

Falls dem betroffenen Kind diese Geschichte gefällt und es irgendwann wieder einmal unruhig ist, fragen Sie es lächelnd und mit Augenzwinkern: »Zwickt dich auch ein Floh? Was will er denn von dir, frag ihn doch mal?« Dann kann die gemeinsame Suche nach der Problemlösung beginnen.

Fertige Teilegeschichten finden

Beispiele, Vorlagen und Figuren für eine gut passende Teilegeschichte liefern viele Filme, Bücher oder Fernsehserien, in denen geleitete Teams arbeiten und Probleme lösen: Krimis oder Science-Fiction, wo eine »Chefin« oder ein »Kapitän« durch »die Logik«, »die/den TechnikerIn« und »den Gefühlsmenschen« beraten wird. Kämpfe von Gut gegen Böse, Genuss gegen Vernunft, Veränderung gegen Tradition etc. finden sich nahezu in jedem Werk der Weltliteratur. Viele erfolgreiche Kinderbücher und -filme sind nach diesem Prinzip aufgebaut. Dort erfreuen sich Wikingergemeinschaften, Detektivbanden, Zauberschul-Teams oder geheimnisvolle, unsichtbare BegleiterInnen (die zum Beispiel in Tischlereibetrieben für viel Verwirrung sorgen, weil sie für Spaß zuständig sind) höchster Beliebtheit. HeldInnen in Zeichentrickserien und Sammelkartenspielen haben ihre Mini-Monster, die sie je nach Spezialfähigkeit einsetzen. Buchbeispiele für Erwachsene, wo innere Schweinehunde gezähmt (Münchhausen) oder Magersucht, Depression und Schizophrenie »personifiziert« werden, im Literaturteil.

Geschichtenerzählende und -schreibende Hypnose-TherapeutInnen (Wirl, s. Lit.) bieten tolle Inspiration und eine Vielzahl von fertigen Geschichten.

All das sind perfekte Einladungen. Nutzen Sie diese Anregungen oder wandeln Sie die Texte ab, damit Sie das Problem des Ihnen anvertrauten Kindes punktgenau erklären und Lösungen entwickeln können.

Sie werden sehen, man kann auch schwerwiegende, persönliche oder krankheitswertige Probleme auf diese Art respektvoll ansprechen, bei Kindern genau so wie bei Erwachsenen. Doch falls es nicht passt, ist das keine Tragödie. Es ist ja ohnehin immer »nur eine Geschichte.«

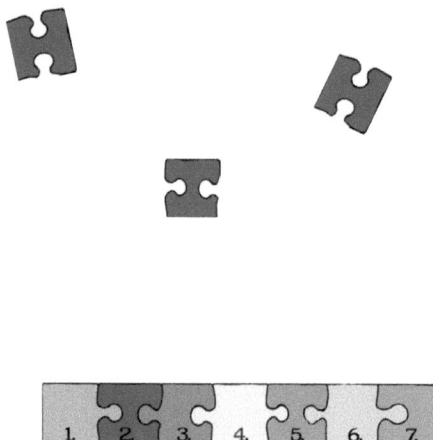

4 Psychologisches Hintergrundwissen

Dieses Kapitel vermittelt jenes Hintergrundwissen, das eine gute heilsame und lösungsorientierte Geschichte **ganz automatisch** in sich trägt, sobald sie dem Leitfaden folgt. Dieser verleiht ihr die notwendige Tiefe und Strömungsrichtung zur Lösung. Ich hoffe, die Zeilen machen Sie neugierig und inspirieren, sich mit dem einen oder anderen Bereich intensiver zu beschäftigen.

4.1 Traumapsychologische Grundlagen

Psychotraumatologie und ihr Teilbereich »Traumapsychologie« beschäftigen sich intensiv mit den kurz- und langfristigen Auswirkungen von Katastrophen auf die menschliche Psyche und mit Heilungsmöglichkeiten. Sie nutzen dafür die Erkenntnisse der Neurobiologie. Es ist ungemein nützlich zu verstehen, was im Gehirn vorgeht, sobald es mit schrecklichen Erlebnissen umgehen muss. Man kann andere und sich selbst dadurch wesentlich besser unterstützen.

Eye Movement Desensitization and Reprocessing EMDR (Shapiro, s. Lit.) ist eine wissenschaftlich anerkannte Technik der Behandlung von Traumafolgeerkrankungen (Münker-Kramer, s. Lit.). Der Geschichtenleitfaden leitet sich direkt daraus ab (Lovett, Greenwald, s. Lit.). Erweitert und ergänzt wurde das hier vorgestellte Konzept durch Ergebnisse der Forschungen rund um die Narrative Expositions Therapie NET (Schauer, Neuner und Elbert, s. Lit.) und vergleichbaren Techniken.

Was bewirkt ein belastendes Erlebnis?

Grundsätzlich will unser Gehirn **lernen**. Sobald ein Erlebnis unangenehm ist, tut es alles, um eine Wiederholung zu verhindern. Das passiert im Alltag natürlich häufig.

Falls ein Erlebnis extrem schlimm ist und stark unangenehme Gefühle, Todesangst oder tiefes Entsetzen auslöst, versetzt die dafür zuständige Gehirnregion den Körper blitzschnell in einen Alarmzustand. Währenddessen sind weite Großhirnareale vorübergehend still gelegt (vgl. Dissoziation). Das ist der Notfallplan, dem unser Gehirn seit der Steinzeit folgt. Er hat der Menschheit beim Überleben geholfen.

Weil das Großhirn in einem solchen Moment also nicht (voll) mitarbeitet, können

95

extrem belastende Erlebnisse gar nicht ganz bewusst wahrgenommen und logisch verarbeitet werden. Sie bleiben deshalb häufig ungeordnet und unbewusst, wie verstreute Puzzle-Teile. Dort bilden sie »heiße Erinnerungen« (NET, s. Lit.) – im Vergleich zu den »kalten Erinnerungen«, die uns emotional nicht mehr sonderlich berühren. Heiße, belastende Gedächtnisinhalte liegen in tieferen Hirnregionen, wo die Gesetze der Vernunft nicht gelten, die Zeitwahrnehmung verändert ist oder Sprache nicht so einfach hinkommt.

Schon mitten im Hochstress der Bedrohung versuchen die aktiven Teile des Gehirns, dieser meisterhaften Lern- und Problemlösungsmaschine, so gut es in dem Moment eben geht, Rettungsmöglichkeiten, Ursachen und Lernerfahrungen für die Zukunft zu erkennen. Die Logik ist nicht verfügbar, daher können sehr unlogische Schlussfolgerungen, Selbst- oder Weltüberzeugungen (vgl.: Trauma- und Traumakompensatorisches Schema v. Fischer und Riedesser, s. Lit.) entstehen. Hier ist auch der Moment, wo manche der chronisch quälenden Warum-Fragen ihren Ursprung haben.

Der Stress klingt ab, man hat überlebt, ist wieder in Sicherheit. Doch die alte Lernerfahrung bleibt (unbewusst) gespeichert: Betroffene sind eine Zeit lang noch schreckhaft, traurig oder unkonzentriert. Vieles überwindet man ohne Hilfe, die beschriebenen Reaktionen klingen mit der Zeit ab. Man spricht erst dann von einem psychischen Trauma, wenn als Folge eines solchen Erlebnisses typische und extreme psychische Belastungen auftreten (bitte Details unter »Posttraumatische Belastungsstörung ICD10-F.43« nachlesen). Es sind schwerwiegende, krankheitswertige Symptome, die hohen Leidensdruck verursachen. Hier enden irgendwann die Möglichkeiten der Selbsthilfe, Menschen leiden manchmal viele Jahre lang unter Traumafolgesymptomen, bevor sie die passende Hilfe finden.

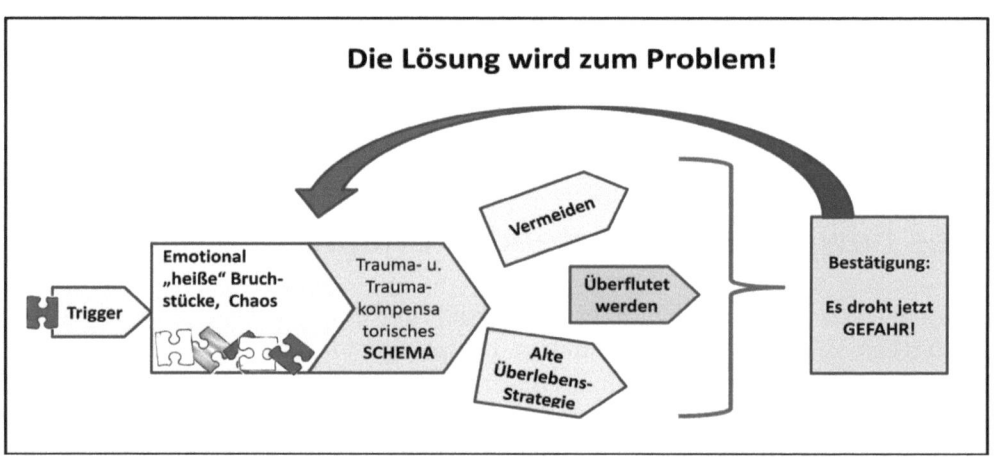

Betroffene werden »angetriggert«: Sie erleben, dass sich »ihr Körper in der Zeit irrt«, sobald in der Gegenwart ein »Trigger« (meist ein Element der damaligen Situation) auftaucht, der die Tür zur traumatischen Erinnerungskiste öffnet.

Bei einem solchen »Flashback« spüren sie die Gefühle so intensiv, als ob es erst gestern gewesen wäre oder – schlimmer noch – als ob die Gefahr genau jetzt drohen würde, weil sich auch die Wahrnehmung täuschen lässt. Der Mensch wird von den heißen Puzzleteilen (Bruchstücke von dem, was damals wahrgenommen wurde) überflutet. Das Großhirn schaltet (wieder) ab. Oder es kann nur hilflos zusehen, wie neuerlich diese belastenden Körperreaktionen, Gefühle, Wahrnehmungen oder damalige Reaktionen automatisch ablaufen. Diese **Überflutung** passiert. ohne dass die Vernunft steuernd eingreifen kann.

Die logische Folge ist es, solche Trigger, Erinnerungen und Gefühle zu **vermeiden**. Oder Gehirn und Körper reagieren automatisch so wie damals, denn das hat offenbar irgendwie geholfen. Solche alten **Überlebensstrategien** können komplexe Verhaltensweisen (immer nachgeben, helfen, kämpfen müssen, immer die Augen offen haben...), Gefühle (sich immer schuldig fühlen, schämen, ärgern... müssen), Gedanken (die damaligen Schlussfolgerungen über Wertlosigkeit, Kontrolle...) oder Wahrnehmungsmuster (Gefahren ausblenden, auf kleinste Anzeichen achten...) sein. Manche (nicht alle!) Phobien, Suchterkrankungen, Zwänge, Schlafstörungen etc. werden so verständlich.

Das Problem daran ist, dass die drei Wege – **Überflutung**, **Vermeidung** oder **Überlebensautomatismen** – das Gehirn in der Überzeugung bestärken, dass die alte Gefahr noch immer droht. **Diese** (grundsätzlich meistens nützlichen) **Lösungswege werden plötzlich zum Problem.**

GESCHICHTE: Folgende Geschichte bringt dieses Muster auf den Punkt, sie kann so manche Ängste, Süchte und Zwänge erklären:
Ein Mann – oder war es eine Frau? – durchquert am Weg zu seiner Arbeitsstelle irgendwo in Europa einen Wald. Sobald er in den Schatten des ersten Baumes tritt, beginnt er zu klatschen und hört erst dann wieder auf, wenn er wieder draußen ist. Eines Tages begleitet ihn eine Freundin. Sie wundert sich und fragt schließlich: »Wieso klatschst du?« Er sagt kopfschüttelnd: »Das weißt du nicht? Dabei ist es doch allgemein bekannt, dass Klatschen alle Krokodile verjagt.«. Die Frau antwortet: »Ähm... in diesem Wald gibt es keine Krokodile.« Der Mann nickt vergnügt: »Siehst du, es wirkt.«

Es erfordert ungeheuer viel Mut, einen neuen, vierten Weg zu gehen. Die heilsame Geschichte entspricht einer solchen Möglichkeit. Sie kann dabei unterstützen, das Vergangene abzuschließen.

Genau genommen leidet man nicht an der Vergangenheit – denn sie ist vergangen. Sie kann man nicht mehr ändern.

Doch man kann entsetzlich unter den Erinnerungen, den Lernerfahrungen oder Nicht-Lernerfahrungen und den Folgen (Vermeidung, Überflutung, Überlebensstrategie) leiden. Das alles ist heute da, daran kann man arbeiten. Das kann sich verändern.

Geschichten als Einladung: der vierte Weg

Die meisten psychologisch fundierten Hilfen zur Traumaverarbeitung funktionieren nach einem bestimmten Prinzip. Der entsprechende vierte Weg wird im Alltag oft intuitiv eingeschlagen. Dadurch können Menschen katastrophale Erlebnisse bis zu einer bestimmten Intenstität nur mit Hilfe ihrer Bezugspersonen bewältigen.

Der 4. Weg:

Aus der sicheren Gegenwart heraus, mit aktivem Großhirn und mit gutem Kontakt zum eigenen Körper blickt der/die Betroffene in die Vergangenheit zurück.

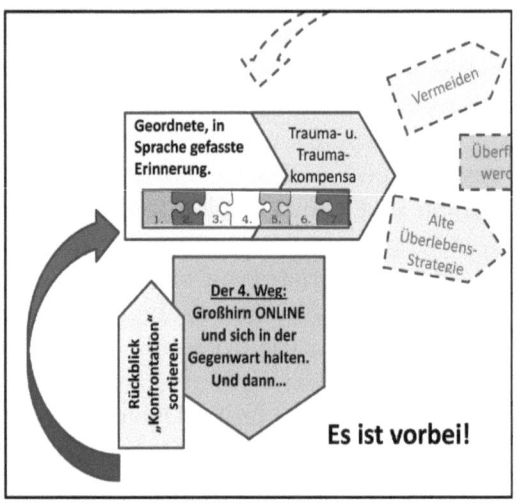

Die drei alten Wege werden bewusst nicht mehr gewählt und deshalb nicht mehr vertieft. Die »heißen Erinnerungen« werden natürlich auftauchen, doch die Selbstberuhigung funktioniert gut genug, sodass keine Überflutung passiert. Bewusste Gedanken- und Verhaltenssteuerung sowie realistische Wahrnehmung bleiben möglich. Das Vergangene wird in Worte gefasst und geordnet. Die Puzzle-Teile fügen sich langsam zu einer erzählbaren Geschichte mit Anfang und Ende zusammen. Diese wird zunehmend besser im episodischen Gedächtnis abgespeichert. Damit »kühlt sie ab«, trennt sich von den damaligen Emotionen und Körperempfindungen. Es fühlt sich irgendwann eindeutig als Vergangenheit an: »Es ist vorbei.« Es WAR einmal und ist nur eine Erinnerung, eine alte, schreckliche Geschichte.

Unschwer zu erkennen ist, wieso das 7-teilige Konzept der heilsamen Geschichte den Verarbeitungsprozess belastender Erlebnisse so gut unterstützt. Mehr zu weiteren Techniken können Sie bei Dorothea Weinberg, Luise Reddemann, Michaela Huber oder in der Literatur zu EMDR (Münker-Kramer), NET bzw. KIDNET (Narrative Expositionstherapie für Kinder, Markus A. Landolt) nachlesen.

Je schwerwiegender die Ereignisse sind und je häufiger das Schlimme passiert, umso anstrengender und langwieriger ist diese Heilungsarbeit. Es kann Jahre dauern, denn unser Gehirn passt sich an das an, was es tut (Neuronale Plastizität): Wer seit langer Zeit unter Traumafolgestörungen leidet, muss sich langsam gesund »wachsen«, denn das Gehirn hat sich daran »gewöhnt«. Doch niemand muss diesen Weg alleine gehen: Menschen mit schwerwiegenden Traumafolgestörungen verdienen professionelle Hilfe. Hier kann die heilsame Geschichte gut in einen Behandlungsprozess eingebettet werden.

98

Das richtige Timing der Geschichte

Direkt im ersten Schock oder nach einer Katastrophe werden Kinder weinen, wie erstarrt oder traurig sein. Sie wollen möglicherweise immer wieder darüber sprechen, stellen Fragen und suchen Antworten. Oder sie wirken ungewohnt ruhig, verhalten sich vielleicht so, als ob nichts passiert wäre. Andere drücken sich indirekt aus, malen Bilder, sie wiederholen das Ereignis mit Spielzeug oder im Rollenspiel. Sie versuchen also, das Geschehene mit all ihren aktuellen Möglichkeiten zu begreifen.

Zu diesem Zeitpunkt eine heilsame bzw. Lösungsgeschichte zu erzählen, passt deshalb meistens **nicht**. Doch schon jetzt können Sie einem Kind ganz behutsam dabei helfen, die wichtigen »Elemente der zukünftigen Erinnerung« zu bilden: Bieten Sie Sicherheit und Beziehung, während Sie dem Geschehenen **Anfang und Ende** geben, betonen Sie also immer wieder: »Es ist vorbei.« Sie können manche Puzzleteile des Ereignisses sammeln, Unklares bewusst stehen lassen, neu auftauchende Informationen einfügen und den Gefühlen und Körperempfindungen **Worte geben**.

Absolut wichtig ist es, wertschätzende und lobende Botschaften zu schicken und alle Notfallreaktionen zu normalisieren: »Gut war deine Reaktion. Echt super.«, oder »Vollkommen logisch, dass du genau das tun musstest.«

Sie können hoffentlich verhindern, dass jemand zum Kind sagt: »Wieso hast du nichts gesagt? Das war dumm von dir! Wie konntest du mir das antun?« Solche Sätze sind wie Giftpfeile, die in einer psychischen Ausnahmesituation mitten ins Herz treffen. Falls Sie selbst im Hochstress solche Sätze von sich geben, dann entschuldigen Sie sich so bald wie möglich dafür. Sollten Sie es mithören, widersprechen Sie dieser Person sofort und klar - und bleiben Sie dabei ruhig, um das Kind im Hochstress nicht noch mehr zu erschrecken.

Einige Wochen oder Monate später kann es sein, dass Sie zwei Extreme beobachten: Das endlose, kreisförmige Sprechen oder Nachdenken darüber oder die Weigerung bzw. Unfähigkeit, daran zu denken oder darüber zu reden. Gleich vorweg: Es gibt in einer solchen Situation kein Patentrezept, jedoch drei Grundsätze:

- **Die Mitte zwischen »immer daran denken« und »nie daran denken« finden helfen.** Es ist selten gesund, zu lang bei einem der beiden Extreme zu sein. Nützlicher ist die Balance dazwischen, die Suche nach dem richtigen Mittelmaß für genau heute. Heilsame Geschichten können einerseits jenen Kindern helfen, die ohnehin ständig daran denken. Sie holen das betroffene Kind bei ihren Gedankenkreisen ab und geben dem Geschehenen neue Perspektiven, Worte und eine logische Ordnung. Den vermeidenden, schweigenden Kindern hingegen bietet ein sehr distanzierter Aufbau (Hauptfigur Steinchen statt Kind) eine freundliche Einladung zum Daran-denken und Abschließen. Geschichten sind eine respektvolle, indirekte Möglichkeit der Unterstützung. Durch sie kann man so manche Entwicklung sanft anstupsen.

- **Selbstbestimmung ermöglichen.** Über etwas sprechen zu müssen oder nie zu dürfen, beides stresst enorm. Weil Geschichten immer nur Angebote und Einladungen sind, erlauben sie ein Höchstmaß an Freiheit.
- **Beruhigung fördern.** Die Geschichtenvorlesesituation selbst, der gute Anfang und das sichere Ende, das Versprachlichen des vorher Unbegreiflichen oder Unaussprechlichen, all das beruhigt, falls das Geschehene noch für innere Aufregung sorgt. Selbstberuhigung und Entspannung sind wichtige Faktoren, denn damit beweist man sich und seinem Körper immer wieder aufs Neue: Die Gefahr ist vorbei. Wie geht »Selbstberuhigung«? Zeigen Sie es vor oder verpacken Sie einige Techniken, die auch Sie selbst nutzen, in eine eigene Geschichte.

Die Basis jeder Unterstützung: Wertschätzung

Wertschätzung bedeutet einerseits, ein Kind ganz direkt für sein Verhalten zu loben. Zusätzlich gilt: Jede Reaktion in oder nach dem Schreck ist ganz grundsätzlich als normale Reaktion oder als kreativer, verständlicher Versuch der Lösung und Verarbeitung zu würdigen. Immer! **Kritisieren oder schimpfen ist mitten in der Notsituation absolut verboten.**

Hat das Kind jedoch während oder nach der Katastrophe Sätze gehört wie zum Beispiel »Warum hast du denn nichts gesagt?« oder »Wieso musstest du auch so laut schreien!«, wird das oft als Verletzung, Schuldzuweisung oder Abwertung erlebt. Solche unbedachten Äußerungen können sich tief verankern. Die Geschichte kann korrigierend wirken und das Verhalten wertschätzen.

»Total verständlich, dass du in diesem Moment nicht reden konntest.« Oder mit anderer Hauptfigur: »Das Auto war starr und still. Es konnte nicht mal hupen. Sehr klug reagierte es, denn dadurch geht manchmal eine Gefahr vorbei…«

»So klug, ganz laut zu schreien. Das hat Hilfe herbei geholt!« bzw. »Dann hat das Auto versucht, Hilfe herbei zu rufen und laut zu hupen. Das ist eine gute Reaktion, sie ist oft sehr hilfreich.«

In späteren Geschichten können alternative Verhaltensweisen direkt oder indirekt vorgestellt werden:

»… und dann hat dieses Auto etwas anderes als sonst getan: Es war nicht still, sondern es hat andere Autos um Hilfe angehupt. Manchmal war das nicht nützlich, aber meistens hat es viele wichtige Tipps bekommen…« oder: »… und dann hat dieses Auto etwas ganz anderes als sonst getan: Es hat aufgehört zu hupen, sondern hat gut geschaut und zugehört, um Hilfe zu finden. Und aus der Ferne…«

Geschichten zu suchen, zu entwickeln oder vorzulesen ist immer gelebte Wertschätzung. Sobald Sie sich die Zeit nehmen und dem Kind eine Geschichte anbieten, ist das allein schon eine heilsame Botschaft: »Du bist mir wichtig, ich will helfen, dass du ein gutes Leben hast. Denn du bist wertvoll, ein kostbares Unikat.« Mehr dazu im späteren Abschnitt über systemische Grundlagen bzw. über Selbstwert (s. Lit.).

Zeichen für die gute Verarbeitung von Belastungen

Meistens kann man davon ausgehen, dass ein schlimmes Erlebnis einigermaßen gut abgeschlossen ist, wenn…

- es im Gedächtnis in Form einer Geschichte mit einem klaren Anfang und Ende aufrufbar ist und danach wieder »abgelegt« werden kann,
- dazu eine Schlussfolgerung beziehungsweise ein Gedanke über sich oder die Welt passt, die/der nicht als quälend oder belastend empfunden wird und keine schädlichen Auswirkungen auf die Gegenwart hat,
- man daran denken und darüber berichten kann, ohne dass stark unangenehme Gefühle oder Körperreaktionen damit verbunden sind.

Allerdings ist das nur als grobe Richtlinie zu verstehen, es gibt Ausnahmen. Auch verläuft der Prozess bei manchen Gefühlen, zum Beispiel bei Trauer, etwas anders: Hier zeigt sich nach der ersten intensiven Trauerphase die zunehmende Verarbeitung darin, dass ein bewusstes Ein- und wieder Auftauchen in das Gefühl möglich ist. Die Traurigkeit verändert sich im Lauf der Zeit, bleibt nicht ewig lange existenzbedrohlich schmerzhaft und wird nicht mit einer negativen Selbstüberzeugung vermischt. Der Prozess bleibt im Fluss, bis alle Tränen geweint sind. Wehmut bleibt vielleicht für immer, jedoch daneben sind viele, gute Gefühle möglich.

Wann immer etwas Schwieriges offenbar gut abgeschlossen wurde, kann es nützlich sein, eine Erfolgsgeschichte darüber zu erzählen. Eine HeldInnenreise oder Abenteuergeschichte. Sie verankert im Gedächtnis, welch schlimmes Erlebnis oder Problem überwunden wurde, wie man vielleicht sogar daran gewachsen ist und jetzt mit Recht Gutes über sich denken kann: »Ich kann schwierige Situationen meistern. Ich bin stark. In der Not kann ich Hilfe finden. Sogar dunkle Tage gehen vorbei. Traurigkeit wird irgendwann wieder besser. Ich kann damit umgehen.« und vieles mehr.

Die Chancen und die Grenzen der Selbsthilfe

Statistische Tatsache ist: Die allermeisten belastenden Erlebnisse verarbeiten Kinder oder Erwachsene allein oder mit guter Unterstützung ihres Umfeldes. Die vorgestellten Geschichten können durchaus als nützliches »Hausmittel« verstanden werden. Sie wirken wie ein Pflaster für die Seele.

Doch so wie bei körperlichen Erkrankungen ist das nicht immer ausreichend. Zu früh, zu lang oder zu schwerwiegend war die Katastrophe, sie wirft aus der Bahn, verändert alles. Dann kommt ein Mensch trotz aller zwischenmenschlichen Hilfestellung nicht über ein Trauma hinweg. Ängste, Traurigkeit, Unruhe, Schmerzen oder andere Symptome können hartnäckig bestehen bleiben oder nach einiger Zeit plötzlich auftauchen. Die drei Wege und die ihnen entsprechenden Selbstheilungsversuche (Ablenkung, Betäubung, Rückzug...) werden selbst problematisch, falls sie zu starr, zu exzessiv oder zu lange Anwendung finden. Es entwickelt sich unter Umständen eine Posttraumatische Belastungsstörung (nach ICD-10) oder eine andere Traumafolgekrankheit.

In diesem Fall sind traumapsychologische Diagnostik und gezielte Unterstützung durch ausgebildete PsychologInnen, PsychotherapeutInnen oder PsychiaterInnen wichtig. Sie finden Infos dazu bei den örtlichen Berufsverbänden.

Psychologisch fundierte Traumabehandlung ist nachweislich hilfreich. Denn noch einmal, weil es so wichtig ist: Betroffene leiden nicht an der Vergangenheit. Diese ist schließlich vergangen, ist vorbei, man hat sie irgendwie überstanden. Das Vergangene könnte auch niemand verändern oder rückgängig machen.

Genau genommen leiden große wie kleine Menschen an den **Erinnerungen** über diese Vergangenheit, die »heiß« abgespeichert sind, vor allem an den **Körpererinnerungen**. Die **Lern- und Nicht-Lernerfahrungen** von damals machen ihnen zu schaffen. All das beeinflusst den **Selbstwert**, das **Weltbild** oder ihre **Identität**, sie sind durch die körperlichen und seelischen Auswirkungen von **Dauerstress** und Spannung beeinträchtigt. Die drei Wege können schädlich werden. All diese Dinge lassen sich glücklicherweise sehr oft verändern, vieles kann heil werden, obwohl manche Narben für immer bleiben.

Sogar extrem traumatische Ereignisse müssen bei optimaler Hilfestellung nicht dauerhaft zu nachhaltigen Einschränkungen führen, auch wenn der psychische Heilungsprozess manchmal viele Jahre dauert. Niemand muss hier allein durch oder sollte resignieren, holen Sie sich bzw. organisieren Sie Hilfe. Weiterführende Informationen dazu im Literaturteil des Buches.

4.2 Systemische Sichtweise

Lösungsorientierte Geschichten nutzen unter anderem die psychologisch fundierten Erkenntnisse und Interventionen der systemischen Einzel-, Paar- und Familientherapie. Ziel ist es, Hilfestellung zu bieten, damit »Systeme« (Innere Anteile, Einzelpersonen, Familien, Firmen, Gruppen…) sich gut weiterentwickeln können. Aus der Vielzahl von Anregungen kann ich hier nur einige wenige vorstellen, die mir für den Aufbau von guten Geschichten besonders nützlich erscheinen.

Suchen Sie nach den guten Ausnahmen

Suchen und bestärken Sie die positiven Ausnahmen vom Problem durch die Frage: »Wann hat es in der Vergangenheit ein winziges Anzeichen von der gewünschten Fähigkeit oder Tatsache gegeben? Wo ist es denn schon EINMAL (ein wenig) gelungen, ein ähnliches Problem zu lösen?«

Auf diese Weise beachten Sie alles, **von dem gut ist, wenn es mehr wird,** auch (oder besser gesagt: besonders dann) wenn es nur »ein winziger Schritt« ist von jemandem, der »eigentlich schon längst laufen« können soll. Eine Geschichte stellt dieses kleine Gute ins Rampenlicht, beleuchtet und verstärkt es, interpretiert es als Beweis einer unaufhaltsamen neuen, positiven Entwicklung.

- Sie räumt NIE ihre Sachen auf, aber EINMAL dann doch… > Das ist eine Erfolgsgeschichte wert, vielleicht mit einer Botschaft, die als Selbstüberzeugung verpackt wird: »Ich kann meinen eigenen Weg zur eigenen Ordnung finden«. Oder die Geschichte transportiert eine wichtige Ordnungsregel: »Jedes Ding hat sein Zuhause und darf dort auch wieder hin.«
- Er hat das Gefühl, dass IMMER ALLES SCHIEF läuft, doch gestern hat er gerade noch den Bus erwischt. > Es bietet sich eine Selbstwertgeschichte an. Die Botschaft im Lösungsteil (Schritt 5 und 6) kann lauten: »…Dann, an einem ganz normalen Tag, wendete sich das Blatt. Von nun an begannen die Dinge zu funktionieren. Jeden Tag passierte eine gute Sache mehr. Nur eine. Zuerst waren es scheinbar unwichtige Kleinigkeiten, kleine Glücksfälle. Und trotzdem: Das Leben wendete sich zum Guten. Irgendwann konnte er denken: ,Der Zufall kann sich jederzeit zu meinen Gunsten auswirken. Ich will warten, weiter daran arbeiten und vertrauen.'…«

Wenden Sie das scheinbar Eindeutige

Was wir über uns (und andere) denken und für eindeutige Fakten und Wahrheiten halten, sind oft **nur subjektive Sichtweisen und Wertungen.** Verändern Sie durch Ihre Geschichte den alten, bislang vorherrschenden »Glauben«, suchen Sie das Gute im Schlechten oder die eigene Leistung im scheinbar zufälligen Glücksfall. Nur in seltenen Ausnahmefällen ist es günstig, das Schlechte im scheinbar nur Guten zu betonen oder das zufällige Glück in der eigenen Leistung.

Um dafür positive Impulse zu bekommen, stellen ich mir selbst oder anderen Menschen oft und oft die Frage: »**Was sagt das Gutes** über mich/über dich/den anderen aus? Was ist die gute Absicht/der Sinn hinter dem Verhalten oder einem Gefühl? Wann und wobei ist diese Schwäche eine Stärke?

- Er glaubt, es wäre VOLL PEINLICH gewesen, dass er nach der kritischen Rückmeldung wie erstarrt da gestanden ist. > In der Geschichte geht es darum, dass die Zuschauer bei einer Podiumsdiskussion über einen ähnlich reagierenden Menschen auf der Bühne denken: »So eine coole Socke, reagiert einfach nicht, lässt sich nicht ärgern, lässt es abprallen.«

- Sie denkt beständig darüber nach, was andere Menschen SCHLECHTES über sie denken könnten. > In einer Teilegeschichte kann es um »die innere gerechtigkeitsverliebte Kritikerin« gehen, die irgendwann erkennt, wie unfair es ist, nur die negative Möglichkeit in Betracht zu ziehen. Von nun an wird sie durch einen unerbittlichen Zauberring gezwungen, immer auch die zweite Seite zu betrachten. Sie MUSS von nun an zusätzlich die Frage beantworten: »Was könnten die anderen Menschen Gutes denken?«, bevor sie die Situation einschätzt.

Sagen Sie Entwicklung voraus

Um Veränderung, eine **überraschende Wende** und **Wachstum** vorherzusehen, dazu braucht man keine hellseherischen Fähigkeiten und keinen Zweckoptimismus:

> *»Das einzige Unveränderbare auf dieser Welt ist die Veränderung selbst.« Lao-tse.*

Schon morgen wird alles ein wenig anders werden, weil das Leben nun mal so ist. Problemsysteme verändern sich in winzigen, unmerklichen Schritten – bevor sie kippen. Es kann ein kleiner Schneeball genügen, er bringt jene Lawine ins Rollen, die letztendlich das Hindernis beseitigen wird. Oder es kommt ganz anders – wer weiß…? Wie könnte sich also eine Situation zum Guten wenden, wie könnte sich der Fehler von heute irgendwann als Segen entpuppen?

- Sie glaubt, etwas wird EWIG SCHLIMM bleiben. > Erzählen Sie Geschichten von all den Dingen, die sich beständig erneuern, über den Kreislauf des Lebens, die Verwitterung eines Steins, die Lebensdauer einer Hautzelle.
- Er ist davon überzeugt, dass es ihm NIE WIEDER gut gehen kann – nach so einem schweren Verlust. > Ihre Geschichte ehrt die Not einer Hauptfigur in einer ähnlichen Situation, sie ist verständlich. »Leider kann das passieren. Und lange Zeit konnte er noch nicht erkennen, dass sich ein Teil in ihm veränderte, wie eine Nuss, die zu keimen beginnt, oder eine Libelle, die noch als Larve unter Wasser lebt. Von außen kann man lange, lange weder sehen noch fühlen, was da heranwächst. Denn in der schweren Zeit in ihm war eine besondere Kraft entstanden, die sich weiter entwickelte. Ganz unbemerkt…«.

Leben Sie Wertschätzung als Grundhaltung

Schicken Sie stärkende Botschaften und bauen Sie Selbstwert auf. Wie das geht? Allein die Tatsache, dass Sie sich eine Geschichte ausdenken oder suchen, schickt bereits die Information: »Ich mach mir Gedanken, denn Sie sind/du bist wichtig, wertvoll und liebenswert.«

❗Recherchieren und üben Sie weitere Wege für Wertschätzung: die Suche nach der guten Absicht des Menschen oder des zuständigen inneren Anteils; das Normalisieren jeder Reaktion als grundsätzlich ganz normale Spontanreaktion eines gut funktionierenden Gehirns oder eines wertvollen Menschen; Komplimente, Freundlichkeit und Anerkennung; Zeit, Zuwendung, Aufmerksamkeit; Geschenke und angreifbare Dinge; nonverbale Botschaften in Richtung: »Ich mag dich«, oder: »So ein interessanter Mensch.« Und vieles mehr.

- Sie betrachtet sich als TOTAL ERFOLGLOS. > Helfen Sie ihr, Erfolgsgeschichten zu sehen, indem Sie bei jedem Treffen oder jeden Abend konsequent fragen: »Neben all dem großen Pech/deinen Fehlern: Was hast du heute geschafft, was ist dir gelungen, wann war ein winziger Moment der Zufriedenheit da?« Es gibt dazu eine schöne fertige Geschichte von einem Menschen, der sein Glück und seinen Erfolg erst spüren konnte, indem er beides zählbar machte: Bei jedem kleinen guten Glücks- oder Erfolgsmoment steckte er eine Bohne von einer Hosentasche in die andere und zählte diese am Abend voll Dankbarkeit.
- Er denkt, dass er IMMER der Sieger sein muss. Sie haben keine Ahnung, wieso das so ist? Überlegen Sie, welche Bedürfnisse oder Ziele, welche belastende Selbstüberzeugungen oder Ängste dahinter stecken könnten. > Erzählen Sie zu jeder Version eine Geschichte: »... und der Prinz musste deshalb leider denken, dass er in Wahrheit ein Dummkopf war. Das nämlich glaubte er heimlich über sich. Nun begann sein langer Kampf um's Klüger-als-alle-sein« oder »... hätte der Drache denken können, dann hätte er sich denken müssen: Ich bin Gefahr. Verlierer sind schwach. Schwachen passiert was Schlimmes. So begann sein verzweifelter Kampf darum, immer stark zu sein...« oder »...das kleine Steinchen musste glauben, dass nur Sieger Freunde finden...«. Im Lösungsteil jeder Geschichte wartet der passende Gegenbeweis.

Suchen Sie konsequent die gute Absicht

Gehen Sie davon aus: Hinter jedem Gefühl oder inneren Anteil gibt es eine solche. In etwa 5 von 100 Fällen irren Sie sich, doch bei 95 liegen Sie richtig und werden dadurch grandiose Aha-Effekte fördern.

- Er reagiert auf Kritik ständig MIT TROTZIGEM RÜCKZUG. > Sie vermuten, dass dahinter das Bedürfnis steht, seinen Selbstwert zu schützen? Ihre Geschichte handelt vielleicht »…von einem Ritter in einer mittelalterlichen Trutzburg mit einem kostbaren Schatz. Er wollte ihn nicht aufgeben, doch gegen eine Übermacht konnte er auch nicht siegen. Sich zu verschanzen, erschien ihm als die einzige Möglichkeit. Das machte ihn allerdings unendlich, unendlich einsam. Leider konnte das passieren.« Als Lösung erscheint in der Geschichte vielleicht ein Burggespenst, »das ihm gute Tipps gab, wie er in Verhandlung treten konnte.« Oder es hilft ihm zu sehen, dass »der vermeintliche Bösewicht vor der Burg nur ein ungeschickter, aber guter Mensch auf der Suche nach Freundschaft war…« Die Lösung kann sein: »…ein unknackbares Versteck für den Schatz!!! Das war es, was er brauchte und das war es, was er schließlich mit Hilfe des Burggespenstes, das natürlich alle Winkel und Geheimnisse der Burg kannte, auch fand. Und so konnte er wenig später angstfrei die Tore der Burg wieder öffnen und…«

• Sie hat ein AGGRESSIONSPROBLEM. > Erzählen Sie die Geschichte von der Kriegerin, die einen Beschützerauftrag oder einen Kampfzwang hat, oder die sich aus verständlichen Ursachen ständig bedroht fühlt. Daher sieht sie sich immer zum Gegenangriff genötigt. Eine Lösung könnte Empathie sein: »….Leider kann das passieren. Doch eines Tages begegnete ihr eine alte, weise Frau und schenkte ihr eine Zauberbrille. Diese ermöglichte ihr, die Welt durch die Augen ihrer Mitmenschen zu sehen, ihre Gedanken zu denken und ihre Gefühle zu spüren. Und plötzlich erkannte sie die wahren Ziele, Nöte und Bedürfnisse der anderen….« Oder Sie vermuten, der Zorn dient ihr als Mantel, um zu verbergen, wie ängstlich oder traurig sie in Wahrheit ist? Sogar vor ihr selbst? Wann sie wohl gelernt hat, dass es gefährlich ist, Gefühle zu zeigen/zu haben?…

Bieten Sie bescheiden nützliche Landkarten

Glauben Sie niemals, die Wahrheit gepachtet zu haben. Unsere Wahrnehmung ist bereits von ihrem biologischen Grundprinzip her **selektiv, relativ und subjektiv.** Alles, was wir wahrnehmen, ist »konstruiert«, denn unser Hirn ist nur über ziemlich störungsanfällige »Bildschirme« mit der Außenwelt verbunden. Es schätzt und rechnet auf Basis früherer Erfahrung. Sein Ziel ist es, sinnvolle Informationen zu finden, notfalls zu erfinden. Wir – und natürlich auch unsere GesprächspartnerInnen – verwechseln daher, wie bereits erwähnt, beständig bloße »Sichtweisen« und »Glaubenssätze« mit »Fakten«.

Eigentlich leben wir ohnehin immer nur in der Geschichte, die uns die Sinnesorgane in Kombination mit den Vorerfahrungen über die Welt erzählen. Aufgrund der Komplexität der Wahrnehmungen müssen wir zur Orientierung laufend »Landkarten« (das sind halbwegs brauchbare Vereinfachungen) von dieser Welt erstellen und benutzen. Sobald die von Ihnen erzählte Geschichte eine bessere Landkarte bietet als das bisherige Erklärungsmodell, dann wird man Ihnen gerne »abkaufen«, was Sie zu sagen haben.

• Sie ist überzeugt davon, dass ihre Meinung DIE EINZIG WAHRE ist. Immer will sie Recht behalten und macht damit sich selbst und anderen das Leben zur Hölle. > Erzählen Sie eine

Geschichte aus der Hirnforschung oder weisen Sie auf das entsprechende Youtube-Video hin (Sinder, s. Lit.): Von allen Gehirnzellen, die für das Sehen zuständig sind, haben nur 6 Prozent tatsächlich eine direkte, neurale Verbindung mit den Sehzellen im Auge. Nur diese bringen also – wie Eilboten – Information aus erster Hand. Die restlichen Neuronen, also etwa 94 Prozent, sind damit beschäftigt, daraus etwas Sinnvolles oder Nützliches »zu errechnen«. Sie vergleichen dabei die aktuellen Impulse mit früheren Seh-Erfahrungen, suchen Muster und Ähnlichkeiten, bewerten es und ergänzen fehlende Infos großzügig und phantasievoll. Wenn Sie und ich etwas beobachten, ist es deshalb überaus wahrscheinlich, dass wir verschiedene Details beachten und diese teilweise konträr interpretieren. Denn unsere »90 Prozent« sind mit Sicherheit unterschiedlich.

- Er glaubt, er sei der GEBORENE VERLIERER. Das ist für ihn ein Faktum, immerhin gibt es Dutzende Referenzerlebnisse und Beweise, die er sich selbst und Ihnen aufzählen kann (und sie damit immer besser im Gedächtnis verankert). > In einer Geschichte können Sie einem (un)ähnlichen Menschen vor längst vergessener Zeit einen Zaubertrank vorbei schicken. Dessen Wirkung besteht darin, dass er plötzlich immer sehen und spüren MUSS, wofür er objektiv betrachtet dankbar sein kann. Ähnlich wie in dem bekannten Kinofilm, wo ein Typ ab sofort ständig nur noch die Wahrheit oder nur mehr Ja sagen muss. Was da wohl passieren wird, durch so einen Dankbarkeitszwangstrank...?

4.3 Die Innenwelt in Worte fassen: mentalisieren

»Was geht in mir vor? Was fühle ich? Wieso handle ich so, wie ich handle? Was alles denke ich gleichzeitig? Woher kommen diese Gefühle und Gedanken? Haben Sie gute Gründe und Ziele? Und wie ist das alles bei meinem Gegenüber?«

Das Wort »Mentalisieren« (Fonagy, Target und u.a.) beschreibt die Fähigkeit, sowohl eigene Innenwelt-Zustände als auch innere Verfassungen anderer Menschen einigermaßen richtig zu erkennen, zu verstehen und in Worte zu fassen. Damit wird einerseits die eigene Innenwelt fass- und begreifbar und kann bei Bedarf anderen vermittelt werden. Gefühle und Gedanken werden verständlich und damit auch regulierbar, Selbstberuhigung wird möglich. Andererseits wird dadurch auch das Verhalten eines anderen Menschen grundsätzlich nachvollziehbar – ohne dabei zu übersehen, dass dieser mehr oder weniger anders tickt als man selbst.

Wer die innere Dynamik begreift und in Worte fassen kann, kann mentalisieren. Diese Fähigkeit hilft nachweislich bei der Entwicklung einer gesunden Persönlichkeit, bei

Selbstberuhigung, Selbstverständnis und Kommunikation. Kinder können es nur mühsam ganz allein lernen. Sie brauchen Hilfestellung und gute Vorbilder. Die Auswirkungen von fehlendem Mentalisieren sind beeindruckend, zu finden unter dem Begriff »still face experiment« (Fonagy, s. Lit.).

BEISPIEL: Gutes Mentalisieren bei einem weinenden Kind verdeutlicht an diesem Beispiel – ganz ohne Geschichte – wie **Trösten** gelingen kann (Kernstock-Redl, Pall 2008):

- Schritt 1 - SEHEN: »Oh, ich sehe, du bist traurig. Uweia (mit mitfühlendem Herzen, traurigem Gesicht und trauriger Stimme, wobei das Äußere ein klein wenig überzeichnet wird.
- Schritt 2 - VERSTEHEN: Was ist denn passiert?... Darf ich mich ein bisschen zu dir setzen?... Das verstehe ich gut, dass dich das so traurig macht.
- Schritt 3 - ANNEHMEN: Weinen ist ok. Darf ich dich halten?...
- Schritt 4 - ETWAS TUN: (erst dann, wenn sich das Weinen ein wenig beruhigt:) So, jetzt holen wir uns etwas Warmes zu trinken, wenn du magst. Und dann überlegen wir, wie es weitergehen kann.«

Durch die Überzeichnung (das »Markieren«, vgl. Fonagy) erkennt das Kind an Gesicht und Stimme des anderen: »Diese/r Große ist nicht selbst traurig.« Andernfalls bekommt es vielleicht ein schlechtes Gewissen und fängt an, den/die Erwachsene zu trösten. »Er/Sie fühlt mit mir, nennt es Traurigkeit, vermittelt mir, dass mein Gefühl in Ordnung ist. Ich bin ok. Und er/sie hilft mir nach einer Weile, wenn ich genug geweint habe, aus dem Gefühl heraus. Es ist also gar nicht schlimm, traurig zu sein, obwohl es währenddessen fürchterlich weh tut. Traurigkeit vergeht wieder.«

Manchmal sind die Gefühle nicht so eindeutig zu erkennen oder zu benennen, ein Kind mag nicht darüber reden oder tut so, als wäre nichts passiert. Sie als Erwachsene/r haben vielleicht keine Ahnung, was genau los ist, vermuten jedoch eine Belastung. Vielleicht irren Sie sich und wollen nicht drängen. Oder es erscheint Ihnen aus anderen Gründen nicht möglich oder nicht nützlich, das Gefühl so direkt wie in dem oben genannten Beispiel anzusprechen.

Heilsame und lösungsorientierte Geschichten bieten in solchen Fällen eine perfekte Möglichkeit zu mentalisieren, also passende Worte für das innere und äußere Geschehen vorzuschlagen. Gemeinsame Sprache für Gefühle, Befürchtungen und Körperempfindungen ermöglicht Kommunikation, Kontakt und Entlastung. Dabei bewahrt die respektvoll-indirekte Geschichtenform davor, Ihr Angebot als »Wahrheit« akzeptieren zu müssen: Was immer Sie erzählen, es ist nur ein Vorschlag. Für das Kind stimmt es vielleicht nicht oder nur teilweise, doch das macht nichts. Sie wollen niemandem etwas einreden, denn andere Menschen sind anders als Sie und das ist ok. Es ist nur eine Geschichte.

Hier einige hilfreiche Botschaften, die Sie ganz ohne speziellen Anlass in Geschichten verpacken können. Sie können helfen, sich selbst besser zu verstehen und (dadurch) besser mit anderen auszukommen:

- »Andere Menschen sind anders als ich« – eine ganz zentrale Botschaft, die alle Kinder und viele Erwachsene immer wieder auf's Neue vergessen und dann maßlos erstaunt oder zutiefst enttäuscht darüber sind.

- Der Körper fühlt jeden Gedanken mit. Er ist die Bühne, auf der sich Gefühle abspielen. Wie Sie und ich wissen, sind Bauchschmerzen manchmal in Wahrheit ein »Angstbauchgefühl«. Wie soll da bitte ein Kind von selber darauf kommen? Erzählen Sie eine Geschichte von einem ängstlichen Häschen. Was die Angst im Körper macht, wie sie uns Katastrophenbilder schickt und belastende Gedanken. Überlassen Sie es dem Kind, seine Schlüsse zu ziehen oder fragen Sie: »Könnte das bei dir auch so sein?«

- Ein »Nicht-denken-können« oder »Plötzlich-wie-dumm-sein« ist vermutlich nur ein Zeichen, dass der Kopf mit etwas anderem schwer beschäftigt ist. Stress schaltet das Großhirn ab. Dreimal tief atmen und etwas Warmes trinken – das kann schon ein bisschen helfen. Diese und weitere Tipps der Selbstberuhigung passen wunderbar in eine Geschichten-Verpackung, wenn das Häschen einen Weg sucht, mit der Angst fertig zu werden.

- Traurigkeit tut arg, ganz arg weh, als ob es das Herz zerreißt. Aber es wird weniger, obwohl die Wellen noch eine Zeit lang kommen und gehen. Wer zum ersten Mal so traurig ist, kann das nicht wissen und glaubt vielleicht, das wird ewig schmerzen. Erzählen Sie Geschichten darüber, die diesen Prozess an einem Beispiel beschreiben. Das passt immer. Denn falls ein Kind das noch nie erlebt hat, hat es nun eine wichtige Information. Damit ist es nun weit besser gerüstet, dunkle Tage, die wohl für jeden Menschen irgendwann kommen, gut zu überstehen.

- Und vieles mehr.

5 Antworten auf häufige Fragen

5.1 Antworten auf 18 Fragen

1 - »Ich bin nicht sicher, ob die von mir gefundene/geschriebene Geschichte gut passt und gefallen wird?«

2 - »Soll ich danach erklären, worum es mir in der Geschichte gegangen ist?«

3 - »Manipuliere ich ein Kind durch meine Geschichten?«

4 - »Was mache ich, wenn ein Kind nichts Gutes über sich hören will?«

5 - »Wer zu selbstbewusst ist, will vielleicht nichts Neues mehr lernen?«

6 - »Kann ich mir selbst Erfolgs-, Lösungs- und Teilegeschichten erzählen?«

7 - »Wie kann ich eine Film- oder Buchgeschichte, die nicht optimal passt oder wo mir ein Teil nicht gefällt, trotzdem erzählen?«

8 - »Was mach' ich, wenn das Kind mitten in einer heilsamen Geschichte nicht länger zuhören will?«

9 - »Was tun, wenn das Kind während der Geschichte zu weinen beginnt oder Angst bekommt?«

10 - »Was kann ich tun, wenn der/die ZuhörerIn nach dem Vorlesen beunruhigt wirkt?«

11 - »Mein Kind will eine Geschichte immer und immer wieder hören. Was soll ich tun?«

12 - »Soll ich auch mir selber heilsame Geschichten erzählen?«

13 - »Kann ich durch zu viele Erfolgsgeschichten ein allzu positives Bild von sich und der Welt vermitteln?«

14 - »Machen Erfolgsgeschichten eine übertriebene Leistungsorientierung?«

15 - »Machen zu viele gute Geschichten unbescheiden und überheblich?«

16 - »Wieso spielen oder fragen Kinder manchmal immer und immer wieder dasselbe?«

17 - »Was tun, wenn jemand gar nie darüber reden will, was passiert ist?«

18 - »Ich bin von einem Ereignis oder dem Leid eines Kindes selbst sehr betroffen. Was kann ich tun?«

1. «Ich bin nicht sicher, ob die von mir gefundene/geschriebene Geschichte gefallen wird?«

Im Zweifel lesen Sie den Text zuvor einem anderen Kind oder Erwachsenen vor. Dort können Sie direkt und unbefangen nachfragen, wie's ankommt. Oder Sie lassen sich Ihre eigene Geschichte vorlesen. Unklarheiten oder Unstimmigkeiten werden recht rasch spürbar und können behoben werden. Wenn Sie Ihren Text einige Wochen weglegen, sehen Sie ihn »mit fremden Augen«. Das hilft ebenfalls bei einer neutralen Bewertung oder lässt erkennen, was nicht passt, ob man Elemente für mehr Nähe einfügen oder schwierige Stellen radikal abkürzen sollte.

2. «Soll ich danach erklären, worum es mir in der Geschichte gegangen ist?«

Bei Lösungsgeschichten ist es manchmal günstig (s. Frage 3), danach oder davor Ihre Absichten oder die Botschaften offen zu legen. Heilsame Trauma- oder Erfolgs-Geschichten dürfen im Normalfall für sich allein wirken. Sie müssen weder Inhalt noch Symbolik übersetzen oder erklären – und schon gar nicht im Nachhinein »testen«, ob die Botschaft auch verstanden wurde. Vertrauen Sie darauf, dass das Kind intuitiv genau jenen Teil erfasst, **der in diesem Moment passt.** Die heilsamen Botschaften werden schon dort ankommen, wo sie hingehören. Selbst wenn die Geschichte nicht gefällt und scheinbar gar nichts bewirkt: Man weiß nie, zu welchem Zeitpunkt ein Samenkorn die richtigen Umweltbedingungen hat, um zu keimen.

Oder die Geschichte passt eben tatsächlich gar nicht. Sie soll schließlich nur ein unverbindlicher Vorschlag sein. Dann braucht man erst recht nicht nachzufragen. Es ist schließlich nur eine Geschichte. Bei Erwachsenen ist das übrigens meistens anders.

Selbstverständlich jedoch können Sie jederzeit wie bei jedem anderen Thema, Film oder Ereignis viele offene, interessierte Fragen stellen: »Was denkst du darüber? Bei dir ist das anders, oder? Was würdest du tun, in so einer Lage?«

3. «Manipuliere ich ein Kind durch meine Geschichten?«

Was ist Ihrer Meinung nach der Unterschied zwischen **Manipulation** und **Hilfestellung**? Ich behaupte: Die beiden Dinge unterscheiden sich vorrangig nicht in der Wahl der Wege, sondern in ihrem Ziel.

- Durch Manipulation will man in erster Linie und verdeckt **das eigene Ziel** erreichen. Es ist der eigene Nutzen, den man im Auge hat. Das ist tatsächlich gefährlich in guten Beziehungen, die auch weiterhin gut bleiben sollen. In so einem Fall besser klar sagen, fordern, erbitten, positive oder negative Konsequenzen ankündigen, aushandeln… Also offen darlegen,

was man unbedingt möchte, anstatt heimlich zu manipulieren. Ein Beispiel dazu am Ende dieser Frage.
- Bei Hilfestellung geht es vorrangig **um Ziel und Nutzen des anderen Menschen.** Diese Hilfe kann versteckt, indirekt oder sichtbar geleistet werden.

Sobald eine Geschichte einem Kind bei seinem eigenen Ziel helfen oder und seinem Nutzen dienen soll, fällt sie **nicht** unter diese Definition der Manipulation. Selbstverständlich können und sollen Geschichten dabei teilweise verdeckt wirken und unbewusste Veränderungen anstoßen.

Ich bin überzeugt: Jedes Kind, jeder Mensch merkt früher oder später, ob eine Geschichte manipulativ oder ehrlich unterstützend gemeint ist. Ich kann zum Beispiel eine Erfolgsgeschichte vorrangig für mein Gegenüber erzählen, damit er/sie stärker und selbstsicherer wird. Oder im Geheimen mehr für mich selbst, damit ich mich besser fühle oder ihn/sie zu einem Verhalten bewegen wollen, das in erster Linie mir nutzt.

Diese Unterscheidung klingt vielleicht einfach, ist es aber nicht. Das kleine, entscheidende Wort ist »**vorrangig**«. Denn selbstverständlich ist der Nutzen des Kindes sehr oft auch ein Gewinn für die Erwachsenen in seiner Umgebung. Eine Geschichte erzählen zu können reduziert das ungute Gefühl von Hilflosigkeit in der/m Erzähler/in und ist deshalb ein persönlicher Nutzen. Denn wenn gar nichts zu helfen scheint, eine Geschichte kann man immer erzählen. Und ganz ehrlich: Eine gute Geschichte geschrieben oder gefunden zu haben, darf uns freuen und unseren Selbstwert heben.

Ein **nachrangig** egoistisches Motiv ist nicht nur in Ordnung, sondern gut. Schließlich sollte niemand in Beziehungen auf Dauer mehr geben als nehmen. Man wird sich sonst früher oder später ausgenutzt oder ausgebrannt fühlen. Der Übergang zwischen gesundem und purem Egoismus ist fließend, Selbstreflexion ist wichtig. Denn um nicht zu manipulieren, ist es ratsam, sich in jedem einzelnen Fall vorher den eigenen Nutzen durch die Geschichte beständig und möglichst ehrlich bewusst zu machen.

❗Wieso wollen Sie eine bestimmte Geschichte suchen oder schreiben? Was ist Ihr eigener Nutzen, in welchen Bereichen ist es wichtig für Sie? Wiegt dieser »egoistische« Teil schwerer als der helfende Aspekt, oder ist er eher ein angenehmer Nebeneffekt?

Sobald Sie eine Geschichte eher für sich erzählen, weil z.B. das Chaos in der Schultasche Sie stört, aber das Kind selbst gar nicht, dann sagen Sie vorher offen und direkt, was Sie mit der Geschichte erreichen wollen: »Räum deine Schultasche bitte weg, ich will das so nicht.« Dann kommt die Lösungsgeschichte, mit vollkommen offengelegten Zielen und damit nicht manipulativ:

»Ich kann diese Unordnung nicht aushalten. Echt nicht. Doch es gibt einen Trick, der kann dir vielleicht helfen, dich an diese Ordnungsregel für die Schultasche zu erinnern. Es ist eine Geschichte über ein Zauberland, wo Dinge gern ein Zuhause haben. So wie du und ich. Sie wollen einen Ort, wo sie hingehören und der nur ihnen gehört.«

4. «Was mache ich, wenn ein Kind nichts Gutes über sich hören will?«

Dieses Problem ist leider weit verbreitet. Bevor Sie selbstwertstärkende Geschichten erzählen, ist es günstig, sich mit diesem Hindernis zu befassen. Es gibt immer verständliche Ursachen und gute Ziele, wenn ein Kind Erfolgsgeschichten oder gute Botschaften ablehnen muss. Am einfachsten ist es, wenn Sie zuerst Geschichten erzählen, wo es genau darum geht.

BEISPIELE und Ideen, wenn gute Geschichten nicht geglaubt werden können:
»… und er konnte Gutes über sich noch viele Jahre lang nicht glauben und wollte es nicht hören. So mächtig war die Erinnerung an diesen Fehler von damals. Leider kann das passieren. Er merkte deshalb lange Zeit gar nicht, wie viel er inzwischen dazugelernt hatte. Er war ein so guter Mensch geworden, auch wenn er das ganz und gar nicht spüren konnte. Doch eines Tages…«

Oder:»… Der kleine Elefant bekam großes Lob. Ein anderes Elefantenkind funkelte ihn böse an, denn es war gemein und neidisch. Eines Abends überraschte es den Kleinen und trampelte auf ihm herum. Das war schrecklich. Und deshalb musste er von nun an glauben:›Besser ist, niemand lobt mich. Sonst passiert mir das wieder.‹ Leider kann das Elefantenkindern passieren. Der Kleine wurde größer und stärker. Eine Zeit lang machte ihm jedes Lob klarerweise schreckliche Angst. Doch eines Tages sah er sich selbst im Spiegel des Sees. Er merkte, dass er inzwischen ein starker, guter Elefant geworden war. Heute konnte er sich wehren! Und so…«

Ich denke, jeder Mensch kommt mit einem grundsätzlich guten Gefühl sich selbst gegenüber, mit intaktem Selbstwert auf diese Welt. Alle kleinen oder großen Menschen, die über sich selbst eher schlecht denken, die sich unfähig oder wertlos fühlen und nichts Gutes über sich glauben können, haben irgendwann im Leben entsprechende Schlussfolgerungen gezogen. Die Ursachen dafür sind immer psychologisch verständlich (das Schlechte wurde eingeredet, ist eine Überlebensstrategie, war Teil des Traumas etc.). Ist das erst einmal verloren gegangen, dann können Menschen Gutes nicht mehr so einfach glauben. Die positive Selbstüberzeugung, die aus Ereignissen abgeleitet werden kann, ist fremd und fühlt sich deshalb irgendwie falsch an.

Wählen Sie für Ihre heilsame oder Selbstwertgeschichte einen Gedanken **zwischen** der aktuellen, belastenden Selbstüberzeugung (»Ich bin unfähig«) und der extrem guten (»Ich kann es schaffen.«). Ein Mittelding, einen Zwischensatz, nur einen Hauch positiver formuliert als der bisherige Gedanke. (»Ich kann vielleicht jetzt noch nicht viel, aber ich kann schnell lernen«). Denn er muss sich für das Kind ein wenig glaubwürdig anfühlen. Erst im nächsten Monat kommt eine neue Selbstwertgeschichte darüber, was ein (Tier-)Kind alles schon gelernt hat, wenn es 4 Jahre alt ist: sitzen, gehen, essen, kuscheln… was bei Schritt 6 zur Selbstüberzeugung führt: »Wow. Ich kann schon ziemlich viel!«

5. «Wer zu selbstbewusst ist, will vielleicht nichts Neues mehr lernen?«

Zu diesem Missverständnis kommt es häufig, wenn »Selbstbewusstsein« mit Begriffen wie »unbesiegbar, präpotent, perfekt, fehlerlos, der/die Allerbeste sein...« gleichgesetzt wird. Doch diese Worte beschreiben »Selbstüberschätzung«.

Wer wirklich selbstbewusst (also bewusst über sich selbst) ist, kann sich angstfrei und selbstkritisch mit seinen Stärken und Fehlern auseinandersetzen, muss nichts vertuschen oder verleugnen. Er/Sie hat eine realistische Einschätzung der eigenen Leistungsfähigkeit und über die aktuellen Möglichkeiten. Getragen wird so ein Mensch im Idealfall von sicherem Selbstwertgefühl. Das hilft beim Umgang mit Kritik oder Scheitern. Denn die Erkenntnis, einen Fehler gemacht zu haben, kann das Gefühl, trotz allem ein wertvoller Mensch zu sein, nicht zerstören. Gegen Abwertung kann sich eine selbstbewusste Person mit heilem Selbstwert gut zur Wehr setzen, doch sie muss nicht.

»Ich bestimme, wer mich beleidigen darf« nach Hillary Clinton

Wer von sich sowohl »Ich kann viel schaffen« (Fähigkeiten) und »Ich bin es wert« (eigener Wert) denken kann, wird natürlich wesentlich mehr Kraft, Veränderungsmotivation und Lernbereitschaft haben. Geschichten können das fördern.

GESCHICHTE für Jugendliche oder Erwachsene: »Der Perfektionismus: wie er kam, sah und nicht siegte.«

Es war einmal in einem weit entfernten Land ein Wesen, das wurde von allen nur »der Perfektionismus« genannt. Manche bewunderten ihn, die meisten jedoch fürchteten ihn. Denn er ging mit strengem Gesicht durch die Welt, die er beherrschte wie ein Tyrann. Er kritisierte ständig jeden und alles, fand auch immer Fehler und sagte dann:

»Alles, was nicht sehr gut ist, ist schlecht. Dein Werk ist also schlecht, du bist schlecht. Eine Kleinigkeit an dir ist zwar sehr gut, aber darüber spreche ich nicht. Denn alles, was nur sehr gut ist, ist selbstverständlich. Nicht geschimpft ist genug gelobt. Wahre Anerkennung verdient nur das Perfekte. Doch das hat es noch nie gegeben in dieser schrecklich fehlerhaften Welt. Früher vielleicht...«

Irgendwie konnte er nur Schwarz und Weiß unterscheiden: Das eine war fehlerbehaftet, schlecht, schwarz. Das andere war strahlend weiß, fehlerfrei, perfekt. Es gab kein Grau und, nebenbei gesagt, es gab natürlich auch nie etwas Reinweißes für ihn. Vielleicht hatte er eine Sehstörung bekommen, während er aufgeblasen durch die Welt stolzierte, niemand wusste es. Genährt und getragen wurde er durch die Bewunderung und das Bemühen seiner Anhängerschaft. Er war beständig bemüht, seine Träger und Trägerinnen gehorsam zu halten, indem er ihnen sagte:»Ihr seid so unfähig und wertlos. Es kann doch nicht so schwer sein, einmal etwas ganz richtig zu machen. Das ist doch nicht zu viel verlangt. Wenn ihr euch nur endlich richtig bemühen würdet...«

In dieser Welt lebte auch die freundliche, kluge Selbstkritik. Sie erkannte die vielen

115

Grauschattierungen der Welt. Der Misserfolg, die falsche Entscheidung oder eine fehlende Fähigkeit war vielleicht trotzdem suboptimal und blieb ein Eintrag ins persönliche Geschichtenregister »Dumm gelaufen«. Denn die Selbstkritik war realistisch und redete nichts schön. Schlechtes war schlecht. Doch sie war wie gesagt realistisch und erkannte das Schlechte im Guten UND das Gute im Schlechten, sie sah das Interessante in jedem Wesen und dessen Potenziale, beständig darum bemüht, die ganze Wahrheit im Blick zu haben. Sie wusste: »Fehler sind unvermeidbar, sind menschlich, ja, sie können sogar etwas Gutes bewirken.« Und daher sagte sie kluge Sätze wie zum Beispiel: »Du kannst mit Misserfolgen umgehen lernen. Ich sehe, du willst aus Fehlern lernen, dich verbessern. Du bist ok, auch wenn mal alles schief läuft. So ein kostbares Wesen! Ich denke, du wirst deinen Weg finden, sobald du nutzt, was du gut kannst.« Auch sie hatte ihre Fans, doch sie fragte diese oft nach Kritik und Verbesserungsmöglichkeiten. Daher wurde sie geachtet, doch weder gefürchtet noch verehrt.

Eines Tages begegneten die beiden einander. Natürlich rügte der Perfektionismus die Sichtweise der Selbstkritik und behauptete dann: »Ich will dir doch nur etwas Gutes tun, wenn ich dich und andere vernichtend kritisiere.« Die Selbstkritik hörte eine Weile gut zu, ohne ihm glauben zu müssen, weil sie sofort die Abwertung hinter der Kritik erkannte. Dann antwortete sie: »Ich sehe, du willst Gutes. Doch ich glaube, was dich antreibt, ist nicht die Sehnsucht nach Vollkommenheit oder nach Verbesserung. Es ist die Todesangst vor Fehlern. Woher kommt das? Welche Geschichte steht dahinter?«

Da fiel es dem Perfektionismus wie Schuppen von den Augen und er erkannte, dass er seine Karriere eigentlich als »guter Ehrgeiz« begonnen hatte. Doch später musste er zu einer wichtigen Überlebensstrategie anwachsen, um Angst zu verdrängen. Damals in der alten Welt war Perfektionismus tatsächlich notwendig zum Überleben gewesen, denn Fehler wurden extrem hart bestraft. Doch heute gab es diese alte Welt nicht mehr. Das war vorbei.

Der Perfektionismus konnte sich endlich, endlich entspannt zurücklehnen und die Luft rauslassen. Puuuuh... Jetzt war er wieder der gute Ehrgeiz, der seinen Trägern und Trägerinnen enorme Freude bereitete und sie ansportte. Und so gelang es, dass er mit der Selbstkritik ein tolles Team bildete – und gemeinsam feierten sie noch viele grandiose Erfolge. Doch das, ja das ist eine andere Geschichte....

6. «Kann ich mir selbst Erfolgs-, Lösungs- und Teilegeschichten erzählen?«

Viele Ideen aus diesem Buch lassen sich wirklich gut für sich selbst verwenden: Geschichten über Ihre eigenen Erfolgserlebnisse und Glücksmomente gehören unbedingt in Ihrem Gedächtnis gut verankert, denn auch Ihr Selbstwertgefühl braucht einen starken Boden, auf dem es wachsen kann.

❗Was also ist Ihnen heute gelungen? Was sagt das über Sie aus? Wann haben Sie sich zuletzt gut und lebendig gefühlt? Was sagt der letzte Fehler Gutes über Sie aus? Liegt darin bei näherer Betrachtung ein kleiner Teilerfolg oder eine Charakterstärke (vgl. Seligmann, s. Lit.)? Wofür könnten Sie sich heute gratulieren oder dankbar sein, wenn Sie es wirklich, wirklich wollten?

❗Möchten Sie das Teilemodell für sich nutzen? Dann beobachten Sie eine Stunde Ihre inneren Dialoge und Gedanken, also die Selbstgespräche. Noch besser ist, Sie schreiben alles auf, so als ob Sie Protokoll bei der Diskussion eines Teams oder Vereins führen würden. Diese Sätze lassen sich meist erstaunlich gut einzelnen Mitgliedern des Inneren Teams zuordnen: Wer spricht? Wer streitet mit wem – und wer setzt sich meistens durch? Welcher Anteil steht dem inneren Oberhaupt im Weg oder »spielt sich auf«, als sei er die Teamleitung? Wer ist nützlich für Sie als Gesamtpersönlichkeit und wer ist unangenehm? Woher kommen sie, was wollen sie? Zeichnen Sie diese Anteile auf, geben Sie ihnen Namen, denken Sie sich eine Geschichte dazu aus, ähnlich wie jene über den Perfektionismus.

7. «Wie kann ich eine Film- oder Buchgeschichte, die nicht optimal passt oder wo mir ein Teil nicht gefällt, trotzdem erzählen?»

Sie haben – im Verlauf dieses Buches oder sonst wo in dieser weiten Welt – eine gute Geschichte gefunden, ABER…

…Umfeld, Hauptfigur oder das Ende passt nicht zu Ihren ZuhörerInnen? Das Problem ist relativ einfach zu lösen: Verändern Sie all diese Äußerlichkeiten großzügig so, dass die Geschichte der Denkwelt des Kindes besser entspricht und deshalb interessant wird. Nehmen wir die Geschichte vom Heiligen Martin (er teilte seinen Mantel), die Sie einem Kind erzählen wollen, das aus Schüchternheit kaum den Kontakt mit anderen wagt. Ziel ist die Vermittlung des Lösungsweges »Hilfsbereitschaft«, um Freundschaften zu gewinnen. (»Freund« kommt von »freundlich«). Das Kind hat jedoch mit dem Heiligen Martin so gar nichts am Hut, sondern hat ein Faible für Drachen oder für Kuscheltiere?

BEISPIEL: Dann lassen Sie doch die guten Taten nicht von einem Heiligen, sondern von einem Drachen vollbringen, der seine Feuerkraft teilt. Oder von einem Kuschelhasen, der sein Fell durchkämmt, damit sich ein frierender Frosch aus den gelösten Haaren eine wärmende Decke filzen kann. Wenn Sie dann noch »Feuer teilen« (so wie die Liebe wird das Feuer mehr, sobald es geteilt wird) oder den »Filz aus Haaren herstellen« praktisch demonstrieren, wird das Kind diese Geschichte wohl nie mehr vergessen.

Manche Textabschnitte kann man leicht weglassen oder verändern. Bereits ziemlich junge ZuhörerInnen denken gern mit: »Hier steht… Das mag ich irgendwie nicht, dass die Geschichte so weiter geht. Lass uns ein neues Ende überlegen, ok? Was genau soll jetzt weiter passieren?«

... aber sie ist viel zu kompliziert oder zu lang? Eine Geschichte zu verdichten ohne ihre Wirkung zu verändern, kann ziemlich schwierig sein. Eventuell lassen sich lange Beschreibungen kürzen oder weglassen. Wer konnte die Bücher von Karl May oder J. R. R. Tolkien lesen, ohne Seiten zu überblättern? Ich nicht. Vielleicht gibt es in der Geschichte mehrere Themen und Sie nehmen nur eines davon heraus. Oder Sie erzählen sie als Fortsetzungsgeschichte? Oft passt es am besten, nur die Idee oder eine Metapher zu übernehmen und darum herum eine ganz eigene zu basteln.

...aber sie ist viel zu kurz für Ihr anspruchsvolles Gegenüber? Hier können Sie phantasievoll ausschmücken und mit Details anreichern. Ebenfalls möglich ist ein kleiner Trick aus dem Fachbereich der hypnotischen Trancegeschichten (Wirl, s. Lit). Ich nenne ihn »die Schachtel in der Schachtel in der Schachtel«. Dabei erzählt man eine »Hauptgeschichte« und verpackt darin ganz nebenbei die zweite, in der die Dritte verpackt ist, um die es Ihnen in Wirklichkeit geht: »Mir hat einmal ein Mann etwas Lustiges erzählt. Er war damals in einem Bus in Amerika unterwegs. Dort hat er eine Frau getroffen, die ihm eine Geschichte erzählt hat, die sie wiederum von ihrer Großmutter gehört hatte. Und die ging so: Als diese Oma noch ein kleines Kind war, da...«

Etwas gefällt Ihnen ganz intuitiv... und irgendwie doch nicht. Sie mögen eine Geschichte, haben jedoch auch Zweifel? Spannend, so widersprüchliche »Bauchgefühle«. Sobald uns ein Text, ein Film, Zeitungsartikel oder Fernsehbeitrag bewegt und der Gedanke auftaucht: »Das könnte passen für Person X... oder doch nicht?«, dann erzählen Sie diese Geschichte unbedingt, aber nicht gleich Person X. Holen Sie sich zuvor Rückmeldung von anderen Menschen als ZuhörerInnen. Es verschafft Distanz und bringt Zusatzinformation. Man kann dadurch zum Beispiel versteckte, schädliche oder unpassende Botschaften heraushören, das Ungute im Guten oder das Gute im Schlechten erkennen. Und letztendlich wollen Sie die Geschichte einem Kind vielleicht immer noch erzählen, doch verändert oder mit der Einleitung: »Du, mir ist da die folgende Geschichte begegnet, die möchte ich dir irgendwie unbedingt erzählen und gleichzeitig auch nicht, weil etwas daran gar nicht passt. Aber ich kann gar nicht wirklich sagen, was genau das ist. Ich bin sehr neugierig, was du dazu sagst: Also: »Es war einmal...«

8. «Was mach' ich, wenn das Kind mitten in einer heilsamen Geschichte nicht länger zuhören will?«

Das kann in jeder Erzählsituation manchmal passieren. Erwachsene sagen es mehr oder weniger höflich, Kinder beginnen zu toben, zu schlafen oder wollen etwas anderes tun. Es wird natürlich von Fall zu Fall unterschiedliche Ursachen haben und normalerweise würde man dann ganz einfach aufhören zu erzählen.

ABER: Die heilsamen Geschichten sind keine normalen Geschichten: **Hören Sie nicht gleich auf. Doch kürzen Sie sofort und radikal ab,** fassen also die restlichen

118

Schritte in wenigen Sätzen zusammen. Zum Beispiel bei der »Im Einkaufszentrum verloren«-Geschichte (Kap.2.1-Das Schreiben, Schritt für Schritt): »Das war schlimm. Leider kann das passieren. Aber dann ist gleich Hilfe gekommen. Und am Ende...«. So führen Sie die Hauptfigur samt dem zuhörenden Kind **sicher und sehr rasch** an das gute Ende. Mitten im belastenden Teil aufzuhören wäre fast so, wie es in der schlimmen Vorstellung allein hängen zu lassen. Sorgen Sie für ein angenehmes Gefühl am Ende. IMMER. Deshalb sollten Sie also zwar unbedingt tun, was Ihr Gegenüber will, aber nicht gleich. Mehr dazu bei der nächsten Frage.

Wirkt ein Kind einfach nur gelangweilt, dann ist die Geschichte vielleicht tatsächlich zu lang oder das Thema an sich ist uninteressant. Doch trotzdem sicherheitshalber nicht plötzlich aufhören, sondern wie oben beschrieben auf 4 Sätze kürzen und nicht wieder erzählen.

9. «Was tun, wenn das Kind während einer Geschichte zu weinen beginnt oder Angst bekommt?«

Es bestärkt die Vermutung, dass es tatsächlich eine unverarbeitete Altlast gibt und das Thema der Geschichte gut passt. Sie sind auf der richtigen Spur. Sobald etwas emotional »aufgerührt« werden kann, dann war es offenbar noch nicht richtig verarbeitet. Genau dann ist die Geschichte wichtig. Sie wird das Geschehene, das in »schlechter Form erstarrt« ist, zunächst wieder in Bewegung bringen. Danach kann es in einer neuen, besseren Mischung oder klarer sortiert ein Stück mehr Vergangenheit werden.

Erzählen Sie daher zügig weiter, während Sie dem Kind so viel Sicherheit und angenehme Atmosphäre wie möglich in der Gegenwart vermitteln. Bauen Sie sofort mehr Distanz zur Geschichte auf, indem Sie Details weglassen oder Spannung aus Ihrer Stimme herausnehmen. Kürzen Sie die Schritte 2 und 3 ab. Ausführlich und detailreich besprochen wird danach wieder die Lösung beziehungsweise der angenehme Schlussteil.

Vielleicht möchte das Kind morgen oder nächste Woche die ganze Geschichte doch wieder hören. Verwenden Sie dann von vorn herein mehr Sicherheits- und Distanzierungselemente: Erzählen Sie weniger Details, bauen mehr Positives ein und verringern Sie die Ähnlichkeiten. Statt: »Es war einmal ein Steinchen...« kann es nun heißen: »Es war einmal ein Steinbrocken, der war schon uralt und rundherum zackig und eckig. Eines Tages passierte ihm im Steinewunderland etwas Schlimmes...« (vgl. Kap. 2.1). Damit vermindern Sie Identifikation und das Gefühl von Nähe zugunsten von Sicherheit und Distanz. Fragen Sie ein paar Tage später nach, ob Sie die Geschichte nochmal vorlesen sollen (und ein paar Wochen nachher noch einmal). Tun Sie, was das Kind möchte. Vielleicht will es etwas dazu zeichnen?

Denn noch einmal: Sobald Vergangenheit extrem schlechte Gefühle in der Gegenwart machen kann, ist sie auf der körperlich-emotionalen Ebene noch nicht wirklich Vergangenheit. Sie liegen also mit Ihrer Geschichte grundsätzlich richtig, nur etwas daran passt noch nicht richtig gut bzw. allzu gut.

Sollten Sie Sorge haben, nicht die richtigen Worte zu finden, dann organisieren Sie zusätzliche Hilfe: Oft ist es bei sehr belastenden Geschehnissen und immer wiederkehrenden, schlimmen Erinnerungsbildern notwendig, weitere psychologische oder psychotherapeutische Unterstützung zu holen. Es gibt ganz grundsätzlich Traumata wie Gewalt oder Missbrauch, die so schwierig sind, dass sie nicht innerhalb von familiären oder freundschaftlichen Beziehungen gelöst werden können. Doch auch weniger schlimme Katastrophen können tiefe Spuren hinterlassen. Profis haben die notwendige emotionale Distanz und das Wissen um spezielle Unterstützungstechniken - oder holen sich Zusatzausbildungen oder Supervision, falls sie nicht weiterkommen. Informationen dazu am Ende des Literaturteils.

10. «Was kann ich anbieten, wenn das Kind nach dem Vorlesen beunruhigt wirkt?»

Ich gehe davon aus, Sie haben abgekürzt, haben den guten Schlussteil ausführlich beschrieben und die Geschichte klar beendet. Sie können zu einem späteren Zeitpunkt fragen, was los war. Doch zuvor ist gute und sichere Ankunft im Alltag und der Gegenwart angesagt. Also schlagen Sie ein (wildes?) Spiel vor, plaudern Sie über ein angenehmes Thema, organisieren Sie etwas Warmes zu trinken. Vielleicht gibt es eine lustige Erinnerung? Oder ein Action-Ereignis in der Zukunft, auf das sich ein Kind sehr freut? Sie können mit ihm überlegen, wie sein persönliches »Schlaraffenland« oder »Paradies auf Erden« aussehen würde. Bringen Sie Bewegung hinein, die zur jeweiligen Altersstufe passt: gehen, gemeinsam laufen, Purzelbäume schlagen, herumtoben oder Schnurspringen. Den Körper zu fordern hilft in der Regel sehr gut. Später, in einer stillen Stunde können Sie dann allein oder gemeinsam mit dem Kind überlegen, was los war:

- Es kann sein, dass die gesamte Geschichte oder eine Formulierung allzu gut passt, sehr nahe kommt oder ein Gefühl aufwirbelt, das in diesem Moment noch unerträglich ist. Dann sollten Sie in den nächsten Tagen viele Erfolgs- und Problemlösungsgeschichten erzählen - und irgendwann später den ursprünglichen Inhalt mit viel mehr Distanzierungselementen anbieten. Falls das Thema weiter »heiß« bleibt, ist vermutlich professionelle Unterstützung durch eine/n Kinderpsychologen/in bzw. -therapeuten/in angebracht.
- Möglicherweise beinhaltet die Geschichte einen Teil, der irgendwie ungut formuliert ist. Vielleicht gibt es einen Satz, der unmöglich wahr sein kann, der ein Schuldgefühl oder einen unangenehmen Erwartungsdruck macht (»sie war immer gut und lieb«). Vielleicht ist ein einzelnes Wort im Text bedrohlich (»und wenn sie nicht gestorben sind«). Achten Sie daher besonders im Lösungs- und Schlussteil auf solche Details. Um das zu überprüfen, können Sie einem anderen Kind die Geschichte vorlesen und es bitten, dabei genau auf seine Stimmung und seine Gedanken zu hören. Manches wird erspürbar, sobald Sie die Geschichte einige Wochen später selbst durchlesen oder am Mobiltelefon aufnehmen und sich das

anhören.

- Vielleicht gibt es einen krassen Widerspruch zwischen der Botschaft der Geschichte und der Realität des Kindes: Wer in der wahren Welt hört, er selbst oder ein anderer geliebter Mensch sei böse, schlecht, dumm, in Lebensgefahr… , sobald er einen Fehler macht, der kann einer Geschichte nicht glauben, wo Fehler in Ordnung sind. Er wird traurig oder zornig auf Sätze reagieren wie zum Beispiel: »Ich bin ein gutes Kind, ich bin liebenswert, auch wenn ich Fehler mache«. Wenn Ihre psychischen oder körperlichen Grenzen in der Gegenwart verletzt werden, würden Sie ja auch gut daran tun, den Satz »Ich bin in Sicherheit« abzulehnen. Achten Sie auf die Streit- und Konfliktlösungsmuster oder auf Gefahren in der Umwelt des Kindes.
- Eine weitere Ursache könnte sein, dass ein Kind im Moment aus anderen Gründen zu belastet oder einfach zu beschäftigt ist, um sich mit »alten Geschichten« auseinanderzusetzen.
- Manchmal passt die positive Selbstüberzeugung (Schritt 6) nicht, weil sie allzu weit weg von der aktuellen entfernt ist oder es zu früh dafür ist. Manche Menschen entwickeln zum Beispiel nach Überfällen oder Krankheiten die panische Angst, dass es jederzeit wieder passieren kann – was natürlich realistisch gesehen auch stimmt. Sätze wie »Es ist für immer vorbei« oder »Das kann nie wieder passieren« sind nicht akzeptabel. Besser passen vielleicht Botschaften wie: »Ich kann lernen, damit umzugehen. Ich kann lernen mich zu wehren/Hilfe zu holen«, oder »Ich habe es überstanden. Das ist nun vorbei.« Sollte es eine andere, bereits bewältigte Belastung geben, wo diese positive Botschaft enthalten ist, können Sie das als Beweis festhalten. Daraus eine Erfolgsgeschichte machen und das Kind auf diese Weise stärken!
- Vielleicht passt es übehaupt nicht, eine Geschichte zu erzählen. Sie können nach einem Überfall konkrete Sicherheitsmaßnahmen planen oder Selbstverteidigung trainieren. Nach einer Krankheit braucht es Zeit, um wieder zu Kräften zu kommen. Manchmal braucht es direkte Informationen oder Fragen. Nichts hilft immer, auch Geschichten sind kein Allheilmittel.
- Oder es gibt einen anderen, individuellen Grund. Besprechen Sie es mit dem Kind oder anderen Bezugspersonen und ermutigen Sie, zu einer spannenden Reise in die Innenwelt mit professioneller Begleitung aufzubrechen.

In jedem Fall das Thema längere Zeit ruhen lassen und lieber für das Kind viele, viele Erfolgs-, Selbstwert- und Lösungsgeschichten suchen, sammeln oder schreiben. Vielleicht braucht es andere Hilfestellung.

11. «Ein Kind will die Geschichte immer und immer wieder hören. Was soll ich tun?»

Sollte es dem Kind und Ihnen dabei gut gehen, dann erzählen Sie das Gleiche eben immer und immer wieder. Kinder haben phasenweise ihre Lieblingsgeschichten so gerne, dass es für die Umgebung einigermaßen langweilig und anstrengend werden kann. Wiederholung, Rituale und vorhersagbare Reaktionen schaffen vor allem Sicherheit. Das Kind braucht offensichtlich im Moment diese Sicherheit oder das Gefühl, Kontrolle über die Situation zu haben. Das sind wichtige Bedürfnisse, besonders in turbulenten Entwicklungsphasen. Sie können zusätzlich Sicherheits- und Erfolgsgeschichten erzählen; vielleicht zwischendurch eine Geschichte darüber, wie spannend eine »Überraschung« oder »ein unentdecktes Land« sein kann. Und natürlich stärken real erlebte Erfolge und bewältigte Herausforderungen das Vertrauens-, Selbstwert- oder Sicherheitsgefühl eines Kindes ebenfalls. Halten Sie solche Highlights gut fest.

Wenn es einem Kind nicht gut geht, es aber die Geschichte wie unter Zwang immer wieder hören will oder die gleiche Frage immer und immer wieder stellt? Vielleicht hat es sich in einer »Wiederholungsschleife« gefangen. Es bekommt durch diese Geschichte zwar einerseits etwas, das es im Moment braucht, doch andererseits auch nicht (sonst müsste es nicht ständig »wieder-geholt« werden). Bedenken Sie: Sogar belastende Rituale und Gewohnheiten geben so etwas wie Sicherheit, weil sie vorhersagbar sind! Doch trotzdem sind solche Verhaltensweisen »schlechte Schleifen«, die neben dem kleinen Nutzen vielleicht Schaden anrichten.

In erster Linie ist es in diesem Fall notwendig herauszufinden, was an der Geschichte für die Person so besonders wichtig oder spannend ist. Ist es die Erleichterung am Ende? Die Bestrafung der Bösen? Der kleine Hund als Tröster? Sie können dieses Element nehmen und in eine weniger bedrohliche Rahmenhandlung einbauen.

Falls das Kind dagegen protestiert, versuchen Sie, mit winzigen Änderungen* zu experimentieren wie zum Beispiel Veränderungen* in der Wortwahl, Kleidung, Umgebung oder Jahreszeit. Sie können auch inhaltliche Umänderungen* vornehmen, neue Details einbauen oder Reihenfolgen umstellen*. (Die mit * gekennzeichnet Worte zeigen eine solche unmerkliche Entwicklung: Änderung-Veränderung-Umänderung-umstellen.)

Eine weitere Möglichkeit ist, in die Geschichte, wo das Kind eigentlich immer alles genauso wie immer hören will, eine winzige, entlastende Textpassage einzubauen:

»… in dieser Nacht war alles wie immer. Nur eines passierte anders als sonst: das Löwenkind hatte einen Traum. Eine gute, hellblau-durchsichtige und nach Vanille riechende (= Lieblingsfarbe, Lieblingsgeruch) Fee kam und sagte: ›Es ist schlimm, aber dann am Ende wird alles wieder gut.‹ Merkwürdig. Dann war Tag und alles ging weiter so wie immer…«.

Bei Fernsehgeschichten, die ein Kind in einen negativen Bann ziehen, lassen sich solche Variationen ebenfalls gut entwickeln: Zeichnen Sie die Sendung auf Video auf und zeigen Sie, wie lustig und verrückt es wirkt, mit doppelter Geschwindigkeit vorwärts oder rückwärts zu spulen. Gibt es ein Bild, das besondere Angst macht, so können Sie rasch vorwärts laufen lassen – oder im Gegensatz dazu auf Standbild gehen, ein Foto davon machen, es ausdrucken und das Kind mit Filzstift bewaffnen: Das Bild wird nun radikal verändert (ein Monster, die Hexe o.ä. kann mit grüner Sonnenbrille oder blauen Blumen im Haar verziert werden). Ist auf dem Bildschirm ein Kind in Not, dann schneiden Sie aus Papier ein hilfreiches, starkes Wesen etc. aus und kleben Sie es dazu oder darüber. Seien Sie phantasievoll und spielerisch, damit das Kind nicht in seinem Entsetzen gefangen bleibt. Wenn Sie mit leicht löslichen Haftnotizzetteln arbeiten, kann man das schlimme Bild auch direkt am Bildschirm überkleben oder einen Helfer dazu holen - und es damit verändern, entmachten und entzaubern.

Die Botschaft dahinter lautet: »Du kannst die Bilder im Fernsehen und in deinem Kopf steuern. Und dadurch auch deine Gefühle. Du hast die Kontrolle darüber, denn du bist nicht das Gefühl, du hast es nur.«

Falls ein Kind zwar erschrickt, aber die Bilder sowieso nicht mehr sehen will, dann natürlich »nur« darüber sprechen, trösten und beruhigen, eine heilsame Geschichte erzählen oder ein neues gutes Ende zeichnen. Vielleicht passt später eine Erfolgsgeschichte darüber, wie gut das Kind für sich selber sorgen konnte und wie wichtig es ist, sich vor grausigen Bildern zu schützen, ganz egal, was andere denken.

Beachten Sie: Entsetzen bei Kindern wird erstaunlich oft mit Faszination verwechselt. Die intensive Beschäftigung mit etwas Entsetzlichem ist kein wirkliches Interesse, sondern eher ein verzweifelter und mutiger Versuch, durch Gewöhnung doch noch Kontrolle über die belastenden Gefühle zu erlangen. Manche stumpfen irgendwann tatsächlich ab oder finden schlussendlich Gefallen an schrecklichen Szenen. Andere kommen immer mehr in diese Spirale des erstarrten Entsetzens. Man kann darüber diskutieren, was davon schädlicher ist.

Ich bin überzeugt, dass es wichtig und die Aufgabe von verantwortungsvollen Erwachsenen ist, manche Informationen (echte Nachrichtensendungen, Zeitungsfotos, TV-Sendungen, Videospiele) klar zu begrenzen und damit Kinder vor entsetzlichen Bildern oder Geschichten zu schützen. Denn je jünger ein Kind und je realistischer die Bilder, umso verstörender ist deren Wirkung.

❗Achten Sie auch auf die Bilder und Geschichten, denen Sie sich selbst aussetzen: Unser Gehirn funktioniert wie ein lernender Fernseher. Es verändert sich durch das, was sich in ihm abspielen darf (Neuronale Plastizität).

12. «Soll ich auch mir selbst heilsame Geschichten erzählen?«

Unbedingt. Es kann ungemein weiter helfen, ganz für sich selbst schlimme Erlebnisse oder belastende Lebensphasen zu heilsamen Geschichten zu formen oder Lösungsgeschichten zu suchen.

❗ Dazu ein kleiner Tipp, der bei eigenen kleinen Ärgernissen manchmal distanzierend und entlastend wirken kann: Sobald Sie sich über eine Kleinigkeit ärgern oder in einem Schlamassel stecken, machen Sie zuerst (innerlich) ein Foto davon und formen Sie eine »Anekdote« daraus. Stellen Sie sich dann vor, wie Sie in naher oder ferner Zukunft das Foto herzeigen und die Geschichte darüber erzählen, wie gut Sie diese Situation gemeistert haben oder wie abenteuerlich das damals war. Ein Angestellter in einer Beschwerdeabteilung ertrug einen schwierigen Beruf, weil er die Probleme und Ärgernisse als Geschichten sammelte unter dem Motto: »Worüber ich in der Pension hoffentlich lachen kann.«

Für schwerwiegende Katastrophen wurde eine eigene Behandlungstechnik entwickelt, wo der heilsame Effekt des Niederschreibens und Lesens systematisch genutzt wird, die Narrative Expositionstherapie NET (von Schauer, Neuner und Elbert).

13. «Kann ich durch zu viele Erfolgsgeschichten einem Kind ein allzu positives Bild von sich und der Welt vermitteln?«

Selbstverständlich. Zuviel des Guten ist immer schlecht. Manchmal begegnen mir Menschen, die es mit der Selbstwertstärkung übertreiben. Sie »verwöhnen« ein Kind mit Lob, indem sie ununterbrochen Erfolgsgeschichten erzählen. Wer bei jedem Pinselstrich eines (nicht mehr ganz kleinen) Kindes in Begeisterungsstürme ausbricht, riskiert eine übertriebene Erwartungshaltung und falsche Selbstsicht. Eine Zeit lang wird er/sie es wohl recht schön finden, so im Mittelpunkt zu stehen. Später wird es normal oder peinlich.

Menschen in jedem Alter können grundsätzlich unter starken Erfolgsdruck geraten, sobald sie sich ständig beobachtet oder bewertet fühlen. Oder sie lassen sich bejubeln und könnten irgendwann die realistische und frustrationstolerante Einstellung zu sich selbst und zu eigenen Fehlern verlieren. Der tausendste Pinselstrich muss nicht genauso gelobt werden wie der erste. Es gibt nicht nur das Lob, sondern viele andere Wege, um Selbstbewusstsein aufzubauen. Mehr dazu bei der nächsten Frage.

14. «Bewirken Erfolgsgeschichten übertriebene Leistungsorientierung?«

Beachten Sie unbedingt, dass Ihre Glücks- beziehungsweise Erfolgsgeschichten nicht ständig den Vergleich mit anderen beinhalten. Der Konkurrenzkampf ist Teil unse-

124

rer sozialen Realität, doch dabei gibt es notgedrungen wenige SiegerInnen und viele VerliererInnen.

Manchmal kann die »Erfolgsgeschichte des Tages« selbstverständlich von einem Sieg handeln, wo das Kind denkt »Ich bin die Allerbeste, bin besser als...«. Der Vergleich mit anderen ist jedoch ein zerbrechlicher Unterbau für Selbstbewusstsein, denn früher oder später gibt es immer eine/n Bessere/n.

Daher ist es wesentlich günstiger, stolz denken zu können »Ich bin soooo gut. Ich bin richtig fähig. Wenn ich mich sehr anstrenge, kann ich Ziele erreichen.« Dazu muss man keine andere Person abwerten oder besiegen.

❗Folgendes Experiment möchte ich Ihnen mit auf den Weg geben, um zu erfühlen, wie sich unterschiedliche Formen der Wertschätzung und von selbstwertstärkenden Botschaften auswirken.

- Sie können bewundern (»Wow. Beeindruckend!«) oder loben - und sich dabei **über** die gute Note oder die Fähigkeit freuen: »So toll, du bist soooo gut, das hast du gut gemacht.«
- Vermitteln Sie bei anderer Gelegenheit aus ganzem Herzen: »Ich freue mich, dass du dich freust. Ich freue mich **mit dir**, dass du glücklich (zufrieden, erfolgreich...) bist.«
- Vielleicht passt manchmal: »Du bist der/die Beste.« oder »Du bist besser als gestern.«
- Besonders in Krisen und nach Fehlern tut die Botschaft gut: »Ich mag dich. Egal, was passiert ist. Es ist so schön, dass es dich gibt.«

15. «Machen zu viele Selbstwertgeschichten unbescheiden und überheblich?«

Manche Erwachsene befürchten, dass ein ihnen anvertrautes Kind zu wenig Bescheidenheit und Demut lernt. Sie glauben vielleicht, wer mehr als einmal pro Monat ein Erfolgserlebnis hat, will nichts mehr dazulernen. Sie leben nach dem Motto: »Nicht geschimpft ist genug gelobt.« Daher holen sie die Menschen in ihrer Umgebung permanent und gnadenlos auf den harten Boden der Realität dessen zurück, was sie alles noch nicht können. Autsch.

GESCHICHTE über Bescheidenheit:
Es war einmal eine Bienenkönigin, die erließ in ihrem Stock ganz eigene Gebote und Gesetze. Das wichtigste war: »Seid bescheiden! Überheblichkeit und Stolz auf Leistung ist das allerschlimmste Laster.« Bescheidenheit war also die ehrenwerteste Tugend, die es dort gab. Alle richteten sich danach, niemand erzählte von Erfolgen, niemand zeigte den anderen, was er geschafft hatte. Niemand durfte Lob erwarten oder Freude über gelungene Arbeiten zeigen. Irgendwie war dieses Leben grau und trostlos. Doch eines Tages kam eine Wanderbiene, die von Stock zu Stock flog und glaubte, etwas Wichtiges erzählen zu können - ganz unbescheiden und frech. Sie sah die Bienenkönigin in ihrem Prunk und sagte zu

den Bienen: »Ich glaube, eure Bescheidenheit schützt nicht euch vor Überheblichkeit. Sie schützt die Macht und die Bequemlichkeit der Königin«. Sie erzählte ihnen die Geschichte von Aschenputtel, die sie an einem Kinderzimmerfenster aufgeschnappt hatte. Doch sie gab zu bedenken, dass es nicht einfach ist, die Aschenputtel-Spielregeln aus dem Kopf zu kriegen, wenn sie sich dort festgehakt hatten wie der Stachel einer Biene. Dann flog sie weiter... Was glaubst du, liebes Kind, passierte dann im Bienenstock?

Bescheidenheit ist eine bedingt ehrenwerte Grundhaltung und eine manchmal nützliche soziale Spielregel. Wichtiger ist ein starker Selbstwert und realistisches Selbstvertrauen. Damit lernt und lebt es sich grundsätzlich am glücklichsten.

16. «Wieso spielen oder fragen Kinder manchmal immer und immer wieder das Gleiche?«

Wer immer dasselbe sagt oder fragt, hat offenbar **noch nicht gehört, was er braucht**.

Zunächst sollten Sie deshalb damit aufhören, immer wieder Ihre bisherigen Antworten zu wiederholen. Das passt nicht, auch wenn sie logischerweise helfen müsste oder früher gut gepasst hat. Besser ist, Sie experimentieren mit neuen Reaktionen: Stellen Sie dem Kind andere Fragen, geben Sie ihm neue Informationen, erzählen Sie variantenreiche Geschichten.

Bei manchen Fragemarathons geht es eigentlich gar nicht um eine Antwort, sondern um Zuwendung und Kontakt während des Gesprächs. Wieso ist ein Kind so hungrig danach? Hat es zu wenig davon? Oder hat es »Angst, aus der Welt zu fallen«, sobald Sie es nicht ansehen? Welches Gefühl taucht in ihm auf?

Ihre Beobachtungen können Sie in eine kleine Geschichte verpacken:

»Es war einmal ein Mäusekind... immer, wenn die Mami es nicht auf ihrem Rücken trug, bekam es riiiiiesige Angst. Ich weiß gar nicht, wieso das so war.... Was denkst du?«

Falls ein Kind immer wieder die gleichen Schreckensszenarien durchspielt, bringen Sie winzige Veränderungen ein, formen Sie aus dem Gespielten/Gefragten eine Geschichte, überlegen Sie dazu mögliche Motive und »mentalisieren« Sie darüber: »Was glaubst du, warum muss der Dino immer alle fressen? Ist er hungrig? Oder zornig? Wieso könnte er zornig sein? Schlagen Sie ein neues Ende vor, bringen Sie eine andere Figur ins Spiel, oder einen Sturm, der über das Land fegt. Falls Sie es gar nicht mehr aushalten mitzuspielen, dann sagen Sie genau es: »Ich kann es nicht mehr aushalten.« und bieten Sie eine Alternative.

17. «Was tun, wenn jemand gar nie darüber redet, was passiert ist?«

Hilfestellung ist natürlich schwierig, falls etwas Schlimmes passiert ist (oder Sie das vermuten) und das Kind erzählt Ihnen nichts davon und verhält sich so, als wäre gar nichts passiert. Sobald man es direkt darauf anspricht, lehnt es Unterstützung eindeutig ab, reagiert gelangweilt oder genervt.

Ein solches Verhalten kann Menschen im Umfeld überaus hilflos machen – und danach traurig oder wütend. Oder Bezugspersonen sind gekränkt, wenn sie erst im Nachhinein erfahren, welches Geheimnis ein Kind als Last herumgeschleppt hat, anstatt bei ihnen Hilfe zu suchen.

Grundsätzlich ist es jedoch vollkommen normal: Die Reaktionen auf belastende Ereignisse können individuell sehr unterschiedlich und durchaus unlogisch sein. Und außerdem erzählt kein Kind immer alles. In meiner langjährigen Arbeit habe ich noch niemals eine psychisch gesunde Person kennen gelernt, die keine Geheimnisse hatte, denn diese sind für die Entwicklung und den Schutz von Grenzen und Selbstständigkeit wichtige Elemente.

Wer nach allen Seiten offen ist, ist nicht ganz dicht. Kurt Tucholsky

Hinter der Abwehr Ihres Gesprächsangebotes können unterschiedlichste Motive stecken. In vielen dieser Fälle bietet das Erzählen einer Erfolgs- oder heilsamen Geschichte eine respektvolle Möglichkeit der Annäherung.

- Manchmal passieren Kindern (und Erwachsenen) Fehler, die schlimme Folgen haben. Es ist eine völlig normale (wenn auch nicht immer günstige) Reaktion, nicht über etwas reden zu wollen, was peinlich oder arg beschämend ist. > Distanziert formulierte Geschichten sind hier passende Zugangswege. Positive Selbstüberzeugungen können sein: »Auch wenn ich Fehler mache, bin ich liebenswert«, »Es ist normal, Fehler zu machen. Ich kann daraus lernen«, »Ich konnte nichts dafür.« »Ich bin ganz ok, Fehler können nun mal passieren. Doch wer mich dafür auslacht, der sollte sich echt schämen«.
- Kinder, die ihre Bezugsperson sehr lieben und eine nahe Bindung haben, wollen sie manchmal ganz einfach nicht aufregen. Sie erzählen also etwas nicht, um die Umgebung zu schonen und zu schützen. > Wenn Sie von sich aus eine Geschichte über das vermutete Problem anbieten und dann fragen: »Wie geht es dir mit diesem Thema?« wird das meist entlastend empfunden und dankbar aufgegriffen.
- Oft haben Kinder den vielleicht unbegründeten, vielleicht objektiv auch richtigen Eindruck, selbst (mit-)schuld an ihrem Unglück zu sein: »Papa und Mama haben es verboten, ich habe es trotzdem gemacht, weil es so lustig war. Und dann habe ich mir schrecklich wehgetan.« Unangenehme Schuldgefühle würden beim Erzählen hochkommen, daher wird das Thema vermieden. > Hier helfen Geschichten, Dinge klar zu stellen, nützliche Selbstüberzeugungen anzubieten, Lernerfahrungen zu verankern und Ängste abzubauen.

- Wohl jeder Mensch fürchtet sich vor Strafe. Dazu zählen nicht nur Extreme wie Liebesentzug oder Gewalt. Für ein Kind ist es vielleicht bereits eine schlimme Strafe, nicht mehr alleine auf den Spielplatz gehen zu dürfen. Als Strafe oder Leid kann es empfunden werden, dass wichtige Menschen enttäuscht, zynisch oder böse sind, weinen, sich Sorgen machen oder Angst haben. Sie merken: auch liebende und ehrlich geliebte Kinder fürchten solche Reaktionen und behalten daher etwas lieber für sich. Hier gibt es extreme Fehleinschätzungen, daher seien Sie selbstkritisch: Wie reagieren Sie denn wirklich auf den Fehler eines Kindes? Wird es bleich und zittrig, sobald es sich 5 Minuten verspätet oder das Bad verschmutzt hat? Dann wird es wohl kaum mit ernsthaften Problemen zu Ihnen kommen. > Erzählen Sie Geschichten, wie wichtig »Hilfe holen« sein kann, oder dass die allerschlimmste Reaktion vielleicht trotzdem besser ist, als ein Problem ungelöst mit sich herum zu schleppen. Doch sobald Sie solche Geschichten erzählen, dann müssen Sie dazu beitragen, dass sie auch wahr werden können. Vertrauen will verdient sein.
- Nach traumatischen Erlebnissen ist es aus hirnphysiologischen Ursachen möglich, dass man »keine Worte findet«. Das Sprachzentrum ist im Schock regelrecht blockiert. Vielleicht ist gar kein bewusster Zugriff auf die Erinnerung möglich, das Trauma wurde scheinbar vergessen. Das Kind weiß also tatsächlich nichts mehr. Oder es weiß nicht, wie es darüber reden soll. > Das ist eine besonders gute Einladung für eine Geschichte, wo es vielleicht ganz vage darum geht, dass Hilfe holen wichtig ist, dass ein Mensch wertvoll bleibt, auch wenn er wertlos behandelt worden ist oder dass schlimme Dinge sicher vorbei sind. Sie können die Sprachlosigkeit selbst zum Thema machen: Beschreiben Sie in der Geschichte das Leben einer Nachtigall, die nach einem Schrecken nicht mehr singen und sich nicht mehr erinnern kann. Sie wird wieder heil, weil sie einzelne Töne von sich gibt. Selbstwertgeschichten zu ganz anderen Themen können zusätzlich stabilisieren.
- Bei jedem traumatisierten Menschen holt die Erzählung sofort die alten Erinnerungen, Bilder und belastenden Gefühle hervor – solange die Person damit noch nicht wirklich »fertig« ist. Häufig ist deswegen der verständliche Impuls da, die Erinnerung und erst recht das Gespräch darüber zu vermeiden. Alle jüngeren und manche älteren Kinder hoffen zusätzlich vielleicht noch: »Wenn ich nicht mehr daran denke und nicht darüber spreche, dann ist es gar nicht passiert«. Ganz kleine Kinder glauben schließlich auch: »Wenn ich die Augen zumache, kannst du mich nicht sehen.« Manchmal ist dieses innere »Augenverschließen« eine vorübergehend notwendige Überlebensreaktion, weil sonst die Psyche eine schmerzhafte Erinnerung nicht aushalten könnte. > Auch hier braucht es sehr distanzierte Geschichten, damit das Gefühl von Sicherheit bleibt: Sie können nach einem dramatischen Unfall mit Verletzung vielleicht zunächst nur erzählen, dass es einmal eine Ri-Ra-Ringelschlange gab, die wurde geknickt und ist wieder zusammen gewachsen.
- Ein weiterer Grund für ein Schweigen können Geheimhaltungsversprechen sein, die jemand aus Liebe oder aus Angst geben musste, um sich selbst oder den/die Schuldigen zu schützen. > Falls Sie das befürchten, dann können Sie viele Geschichten über gute und schlechte Geheimnisse erzählen. Erklären Sie die Dynamik, die Heimlichkeiten auslösen: Sie bauen mächtige Mauern und Festungen um Prinzen oder Königinnen herum und machen deshalb

einsam. Die Mauer von innen zu durchbrechen ist sicher beängstigend, doch eingemauert zu sein ist noch schlimmer. Dann verändert sich nämlich nichts. Vielleicht gelingt es in Ihrer Erzählung dem Prinzen oder der Königin, ein Fenster einzubauen oder mit dem guten Schlossgeist in Kontakt zu kommen. Oder Sie schicken Selbstwertgeschichten in Richtung Festung wie ein/e mittelalterliche BänkelsängerIn, während Sie sanft, freundlich und beharrlich vor der Mauer warten.

- Wir irren uns zeitweise gründlich. Vielleicht wehrt die kleine oder große Person nämlich jede Hilfe deshalb ab, weil sie keine braucht. Möglicherweise hat sie gar nichts Schreckliches wahrgenommen. Oder ein Erlebnis macht ihr tatsächlich ganz einfach nichts aus und ein langes Bereden würde sie als störend empfinden. Intensives, drängendes Nachfragen kann das Denken oder Fühlen des Kindes sogar erst in eine Richtung lenken, wo es sicher nicht hin soll: Wer allzu oft gefragt wird, ob er »eh nicht wütend ist« oder sich »eh nicht schuldig fühlt«, der könnte irgendwann wütend werden oder sich doch irgendwie schuldig fühlen. > Geschichten sind indirekte, respektvolle Angebote. Sie dürfen, ja sollen sogar abgelehnt werden können, wenn sie nicht passen. Meistens überhört das Gegenüber ohnehin jene Teile, die ihn nicht betreffen. Dann war es nur eine Geschichte wie viele andere…
- Manchmal ist ein Kind schlichtweg noch zu jung, um Ereignisse und Gefühle bewusst abspeichern oder in Worte fassen zu können. > Hier sind heilsame Geschichten ganz, ganz besonders nützlich. Sie können direkt, so allgemein wie notwendig und dabei altersentsprechend kurz sein. Das Kind versteht die Worte noch nicht wirklich, macht nichts. Die Geschichte für das Baby in Kap. 2.1. ist ein Beispiel dafür.

Geschichten sind in solchen Zwickmühlen und auch mit unvollständigen Hintergrundinformationen ein ideales Mittel, um hilfreiche Botschaften zu transportieren. Denn »es ist ja nur eine Geschichte«. Sie brauchen nicht zu wissen, was passiert ist, sondern können die mittlerweile bekannten 7 Teile rund um eine vage Vermutung oder Ahnung konstruieren.

Für zukünftige Problemsituationen lassen sich Botschaften einbauen, die für sich allein bereits präventiv wirksam sind: »Erzählen hilft, denn zu zweit kann man Probleme besser lösen.« »Es gibt in jeder Situation mehr als einen Lösungsweg.« »Meistens glaubt man mitten im Problem, dass etwas viel schlimmer aussieht, als es dann im Nachhinein wirklich ist.« »Trauer wird mit der Zeit weniger, ganz von selbst.« Und wie gesagt: Sollte ein Kind diese Hilfe im Moment gar nicht notwendig haben, wird es sich einfach distanzieren.

18. «Ich selbst bin von einem Ereignis oder dem Leid eines Kindes sehr betroffen. Was kann ich tun?»

Damit Sie einem kleinen oder großen Mitmenschen Unterstützung geben können, brauchen Sie selbst Stabilität. Es kann die erfahrensten Menschen extrem traurig, wütend, schuldig oder hilflos machen, wenn einem Kind etwas Schlimmes passiert ist. Noch belastender oder kränkender, wenn es nichts erzählt hat und dadurch nicht früher Hilfe bekommen konnte. Sie spüren extrem starke Trauer, vielleicht berechtigten Zorn – und über allem noch eine große Portion Hilflosigkeit, falls man nicht viel tun kann (wie zum Beispiel bei manchen chronischen Krankheiten) oder ein Kind Hilfe nicht annehmen will bzw. kann. Man muss kein Familienmitglied sein, um so zu fühlen. Gleichzeitig ist klar: Es geht diesem Kind sehr schlecht. Bezugspersonen und HelferInnen wollen stark sein, Unterstützung geben und die eigenen Gefühle hintenan stellen. Hat sich das kleine Persönchen lange allein abgemüht, soll es nun vor allem erleben, wie gut es ist, sich in der Not Hilfe zu holen. Es soll nicht denken müssen: »Hätte ich doch bloß nichts gesagt.«

Doch wir alle sind nur Menschen. Daher kann es geschehen, dass Sie nicht selbst helfen und schon gar nicht kreativ eine Geschichte formulieren oder finden können. Daher organisieren Sie jemand anderen für das betroffene Kind: Das kann ein (anderes) Familienmitglied sein und/oder eine (andere) Beratungsstelle, ein (anderer) Psychologie- oder Psychotherapie-Profi. Vielleicht bekommen auch Sie selbst dort ein wenig Hilfe für den Umgang mit dem eigenen Schrecken, denn das Leid eines Kindes geht an gutherzigen Erwachsenen nicht spurlos vorüber.

6 Ihre Zukunft als GeschichtenerzählerIn

Abschließend möchte ich Sie nochmals ausdrücklich ermutigen, sich im hilfreichen Geschichtenerzählen zu erproben. Denn es öffnet die Türen und die Herzen von Menschen. Vergangenes lässt sich heilsam abschließen, zukünftige Schwierigkeiten lassen sich auf diesem Weg bereits vorwegnehmen, verschiedenste Lösungsstrategien können respektvoll vorgeschlagen werden. Neue Wege tun sich auf und das Denken wird wieder weit. Die zuhörende Person kann dann bei Bedarf auf jene Inhalte zurückgreifen, die für sie in der speziellen Situation am besten passt. Je mehr Möglichkeiten sie kennt, umso größer sind Auswahl und Kombinationsmöglichkeiten.

Manche meinen, jeder soll seinen Weg alleine finden oder Konflikte selbst austragen, um Selbstständigkeit zu erlangen. Doch neugierige Selbstständigkeit gelingt nur, wenn im Vorfeld sichere Bindung da ist. Kreativität ist sehr oft die neuartige Kombination von bekannten Elementen. Eine einmal gehörte Lösungsstrategie auf ein neuartiges Problem zu übertragen. Diese Erfahrung gibt Sicherheit und verlangt Kreativität.

Geschichten sind ein ideales Medium, um Informationen zu transportieren und gleichzeitig eine gute Beziehung zu schaffen. Im Gegensatz zu Ratschlägen werden sie dabei keine direkte Richtung vorgeben und können genau dadurch inspirieren, vorwärts zu kommen. Schließlich haben die Menschen einander seit Jahrtausenden auf diese Art weiter geholfen. Und das nicht nur im psychologischen Sinn: Wir sind mit unserer kulturellen und technischen Entwicklung nur deswegen vorangekommen, weil nicht jede Generation »das Rad neu erfinden« musste. Die Geschichte seiner Herstellung wurde von Generation zu Generation weitererzählt. Dabei war kein Zwang, es wieder gleich oder ganz neu zu machen. Das Radprinzip wurde, aufbauend auf bewährten Erfahrungen, von vielen kreativen Köpfen neuartig eingesetzt und weiter entwickelt.

Tun Sie das auch! Kombinieren Sie alte Geschichten und neue Erfahrungen mit dem Wissen, das Sie durch dieses Buch erworbenen haben. Geben Sie damit diesem einzigartigen Menschenwesen, das Ihnen gegenüber sitzt, jede Menge Energie spendendes Proviant mit auf die weitere Reise hinein in ein hoffentlich tolles Leben!

»Am Ende wird alles gut. Wenn es nicht gut wird, ist es noch nicht das Ende.« Oscar Wilde

Mut-Geschichte vom Anfang: »Das Gefühleland«

Es war einmal vor langer, langer Zeit ein Land, da gab es keine Menschen. Dort wohnten auch keine Tiere. Es wohnten nur Gefühle dort. Vieles war ähnlich wie bei uns: Es gab große und kleine, angenehme und unangenehme Zeitgenossen. Es gab welche, die waren sehr beliebt und andere, die wurden sogar weggesperrt, weil niemand sie haben wollte. Sie lebten und arbeiteten zusammen, sie säten und ernteten, sie liebten und sie stritten sich, sie handelten und wuchsen und entwickelten sich selbst und ihr Land.

So war es also in diesem Gefühleland. Meistens ging es trotz aller Unterschiedlichkeit friedlich zu. Doch eines Tages – vielleicht ganz plötzlich, vielleicht deshalb, weil manche Gefühle es ungerecht fanden, so lange unbeachtet zu bleiben – eines Tages also gab es Krieg. Übrigens: Wie bei jedem Krieg sagten nachher alle, die anderen hätten angefangen und sie hätten sich nur verteidigt.

Tatsache war, dass die Mutlosigkeit, die von allen gehasst und lange weggesperrt war, eine Helferin fand, nämlich die Angst. Die beiden taten sich zusammen und noch bevor es die anderen Gefühle so richtig bemerkten, war die Mutlosigkeit mit ihrer Angsthelferin an der Macht. Sie regierte nun das Gefühleland und beherrschte alles.

Die Freude wusste zwar, dass sie gemeinsam mit der Liebe stark werden würde, doch die beiden bekamen keine Erlaubnis und keine Möglichkeit, sich zusammenzutun. Die Traurigkeit beweinte den ganzen Tag die triste Lage und bemerkte dabei gar nicht, dass sie dadurch die Mutlosigkeit noch stärker machte. Der Mut war der erklärte Feind der Mutlosigkeit und wurde von ihr streng bewacht. Er landete gemeinsam mit der Hoffnung im Gefängnis. Die Angst bewachte die beiden.

So sah es also aus im Gefühleland. Er war gar nicht gut, dieser Krieg.

Glücklicherweise lebte noch jemand anderer in diesem Land, nämlich der Landgeist selbst. Er war nicht besonders gebildet, eher so der erdige Typ, bodenständig und vernünftig. Er wusste nicht viel von Gefühlen und dem ganzen Zeugs, aber er wusste eines ganz sicher: Jedes Gefühl war ganz wichtig für das Land, jedes war unverzichtbar und wertvoll, jedes musste bleiben dürfen, damit im Land ein gutes Gleichgewicht herrschen konnte.

Also sprach der Landgeist mit der Mutlosigkeit und erfuhr, dass diese sich jetzt zwar stark und mächtig fühlte. Aber die Mutlosigkeit war auch klug genug, um zu sehen: Dieser Krieg war schlecht und verursachte Leid. Wie es so ihre Art war, wurde sie sofort noch mutloser und klagte: »Wie soll es nur weitergehen? Es muss ewig Krieg bleiben, sonst werde ich wieder eingesperrt. Aber Krieg ist schrecklich. Es kann niemals gut werden.« Der Landgeist jedoch ließ sich nicht anstecken von der Mutlosigkeit und überredete sie zu einer Versammlung. Dazu lud er alle Gefühle ein: die kleinen und großen, die angenehmen und die unangenehmen, die mächtigen und sogar die weggesperrten. So saßen sie dann alle an einem Tisch und lärmten, stritten oder ängstigten sich. Da stand der Landgeist auf und sorgte für Ruhe.

Er stellte nur eine einzige Frage und erlaubte jedem Gefühl nur eine einzige Antwort.

Der Landgeist fragte jedes Gefühl: »Was kannst du Wichtiges für das Gleichgewicht in unserem Land beitragen?«

Jedes Gefühl suchte eine Antwort, jedes nach seiner Art. Die Freude begann: »Ich kann Energie bringen, mit mir kann man viel schaffen!« Die Liebe sagte: »Ich kann die Verbindung untereinander und mit dem Land halten«. Der Mut rief laut: »Ich kann machen, dass wir alles anpacken«. Danach kamen die ruhigeren und leisen Gefühle zu Wort. Die Angst flüsterte: »Ich mache, dass wir dabei nicht zu Schaden kommen, denn ich bin die Mutter der Vorsicht«. So kam jedes an die Reihe. Die Schuld meinte: »Ich helfe mit, dass wir uns an die Regeln halten.« und das Schamgefühl, eines der Schüchternsten, ergänzte leise: »Und zugleich halten wir Abstand. Sonst wird's peinlich.«

Ganz zum Schluss gab es nur noch die Mutlosigkeit, die keine Antwort gefunden hatte – so wie es ihre Art war. Für sie änderte der Landgeist die Regel und rief die anderen Gefühle zu Hilfe. Sofort sagte die Hilfsbereitschaft: »Aber du bist doch eines der wichtigsten Gefühle. Du kannst machen, dass ich und die Liebe eine richtig schwierige Aufgabe haben, denn es ist nicht immer leicht, dich gern zu haben und dir zu helfen.« Alle lachten, sogar die Mutlosigkeit selbst musste schmunzeln. Die Hilfsbereitschaft sprach weiter: »Nur du kannst gemeinsam mit der Angst diesen übermütigen Mut einbremsen, der uns sonst sicher einmal ins Verderben stürzen würde. Keine von uns würde dem Land guttun, wenn sie keine Gegenkraft hätte. Außerdem bist du diejenige von uns, die an allen Dingen das Schlechte und Schwierige sieht – und das gehört zur Wahrheit dazu, so wie das Gute. Ich zum Beispiel mache gern die Augen zu vor dem Schlechten, vor dem, was schief gehen könnte. Du nicht! Ich denke sogar, du bist das Gefühl, das merkwürdigerweise am meisten aushalten kann!«

Die Hilfsbereitschaft, die sich manchmal ziemlich heilig vorkam, gab sogar zu: »Wo du bist, kann meine häufige Begleiterscheinung, die Enttäuschung, niemals sein. Ich bin eben manchmal ziemlich blind. Wir brauchen dich als Beraterin. Wir brauchen dich nicht als Alleinherrscherin.« Da erkannten die Mutlosigkeit und und alle Anwesende den Wert von jedem einzelnen Gefühl. Sie verstanden, dass sie sich gegenseitig beraten, manchmal einbremsen und manchmal verstärken mussten, wenn sie gemeinsam gut im Gefühleland leben wollten. Die Gefühle wollten gemeinsam Sorge tragen, dass niemand im Land übermächtig wurde.

Genau so geschah es! Das Land mit dem Landgeist und mit all seinen Bewohnern führte noch viele Jahrmillionen lang ein gutes Leben. Es wuchs und entwickelte sich jeden Tag ein wenig mehr und wurde jeden Tag innerlich ein bisschen reicher. Und wer weiß, vielleicht bist du einmal der Mensch, der entdecken wird, wo im Universum dieses Land zu finden ist.

7 Literatur- und Geschichtenverzeichnis

- Fischer, G. und Riedesser, P.: Lehrbuch der Psychotraumatologie. UTB, 2009.
- Fonagy, P., Target, M. und u.a.: Affektregulierung, Mentalisierung und die Entwicklung des Selbst. Klett-Cotta, 2015.
- Greenwald, R.: EMDR in der Psychotherapie mit Kindern und Jugendlichen. Junf. 2001
- Huber, M.: Trauma und die Folgen: Trauma und Traumabehandlung, Teil 1 und 2. Junfermann, 2009.
- Kahneman, D.: Schnelles Denken, langsames Denken. Siedler Verlag, 2014.
- Kernstock-Redl, H. und Pall, B.: Gefühlsmanagement. Ökotopia 2008.
- Kernstock-Redl, H.: Working-Papers zu Schuld- und Opfergefühlen, Trost u. Trauer. 2017.
- Landolt, M. und Hensel, T.: Traumatherapie bei Kindern. Hogrefe 2012.
- Lovett, J.: Kleine Wunder – Heilung von Kindertraumata mit EMDR. Junfermann, 2000.
- Münchhausen, M.: So zähmen Sie Ihren inneren Schweinehund – vom ärgsten Feind zum besten Freund. Campus, 2004 (Bsp. für Teilearbeit mit Erwachsenen).
- Münker-Kramer, E.: Traumazentrierte Psychotherapie mit EMDR (Wege der Psychotherapie). Ernst Reinhardt Verlag, 2015.
- NET z.B. in: Neuner, F., Schauer, M. und Elbert, T.: Narrative Exposition und andere narrative Verfahren. In: Maercker, A. (Hrsg.): Posttraumatische Belastungsstörungen. Springer, 2009.
- Reddemann, L.: Imagination als heilsame Kraft. Leben lernen 141. Klett-Cotta, 2015.
- Schulz von Thun, F.: Miteinander reden – Band 3: Das innere Team und situationsgerechte Kommunikation. Reinbek: Rowohlt TB Verlag, 2010.
- Shapiro, F.: EMDR – Grundlagen und Praxis. Handbuch zur Behandlung traumatisierter Menschen. Junfermann, 2000.
- Spitzer, M.: Das (un)soziale Gehirn: Wie wir imitieren, kommunizieren und korrumpieren. Schattauer Wissen & Leben, 2013.
- Weinberg, D.: Traumatherapie mit Kindern. Klett Cotta, 2013.
- Wirl, C.: Metaphern und Ego-States – hypnosystemisch. in: Leeb, W., Trenkle, B., Weckenmann, M.F.: (Hrsg.).Der Realitätenkellner, Hypnosystemische Konzepte in Beratung, Coaching und Supervision, W Heidelberg: Carl Auer, 2011.

Youtube-Videos mit Vorträgen von Manfred Spitzer, Gerald Hüther, Wolf Singer bzw. zum Still Face Experiment von Peter Fonagy.
Eine kreative Umsetzung der Teilegeschichte bieten die DVDs von Ronni Rocket, Vreni Shizzo, Morton Mies und Ana Ex - Geschichten darüber, wie ADHS, Schizophrenie, Depression oder Anorexie scheitern (www.ist.or.at).

Geschichten und Ideen:

Tod bzw. Verlust von Familienmitgliedern: 18
Scham oder Schüchternheit überwinden: 11, 21, 103, 117
Krankenhaus, Angst vor ÄrztInnen nach medizinischem Notfall: 24, 30-32
Wohnungseinbruch: 27
Gewalterlebnis, Misshandlung: 28, 55
Verarbeitung einer schwierigen Geburt: 36
Im Einkaufszentrum verloren gegangen: 40-44
Stressreaktion erklären: 44, 100
Nach ängstigender Krankheit (für ein Kleinstkind): 45
Geschichte über die Operation der Speiseröhre: 45
Obstipation, Angst vorm Clo-Gehen: 45
Migration, Trennung von den Eltern: 46, 52
Trauer erklären und trösten: 50
Missbrauch (Jugendalter): 55
Fehler, Schuldgefühle: 58
Erfolge festhalten, Selbstwert aufbauen: 61, 66, 72, 74
Gute Gegenwehr: 66
Ein Sport-Tipp zur Motivation: 69
Geschichte über die unterschiedliche Interpretation eines Ereignisses:71
Ausgeschlossen-werden: 66
Aus einem Fehler etwas Nützliches lernen: 76
Geschichte zur Vorbereitung auf einen Zahnarztbesuch: 79
Scheidungsgeschichten: 49, 80
Selbstmotivationshilfe statt Faulheits-Geschimpfe: 82
Ärger in den Griff kriegen: 58, 86, 106
Ideen für mehr Ordnung: 86, 103, 113
Gebrochenes Versprechen von Erwachsenen: 87
Teile-Ansatz und der Weg zur gesunden Persönlichkeit: 89
Andere Ärgern: 92
Hyperaktivität, Geschichte für zappelige Kinder: 92
Die Lösung wird zum Problem (»das Klatschen« oder Sucht, Zwang, Angst): 97
Pessimismus, Gutes nicht glauben können: 103, 104, 105, 107, 114
Siegzwang: 105
Trotziger Rückzug: 105
Der Perfektionismus – wie er kam, sah und nicht siegte: 115
Hilfsbereitschaft fördern: 117

Die Sache mit der Bescheidenheit: 125
Mutlosigkeit: 132
Märchen: 20, 68

Ideen für Filme, die wichtige Themen transportieren, finden Sie im Internet unter den Begriffen »Bibliotherapie«, und »Filmtherapie«. Doch JEDER beliebte Film, JEDE allseits bekannte TV-Serie oder JEDES Buch, das Ihnen mehrfach begegnet, enthält – so meine Erfahrung – psychologisch wichtige Elemente und spricht deshalb viele Menschen an. Finden Sie heraus, was es sein könnte, und arbeiten Sie damit weiter.

Psychologische Inputs und fertige Geschichten zu unterschiedlichsten Themen im Webshop der Autorin bzw. auf Anfrage: www.geschichtenundpsychologie-shop.at. »Heilsame Geschichten für Erwachsene – eine Ergänzung zu diesem Buch – ist in Planung.

Informationen zu psychologischer oder psychotherapeutischer Unterstützung für Familien, Paare, Erwachsene und Kinder erhalten Sie bei Ihrem Berufsverband für Psychologie oder für Psychotherapie.

Notizen und Ideen: